お手入れ不要、長く飾って楽しめる花の雑貨

ハーバリウム

－美しさを閉じこめる
植物標本の作り方

誠文堂新光社

光と植物が与えてくれる
癒やしの世界

ハーバリウムとは、もともとは植物の品種などを保存する「植物標本」をさす言葉ですが、今話題のハーバリウムは、ドライフラワーやプリザーブドフラワーをオイルと一緒にボトルに詰め、インテリアとして楽しむタイプのものです。
オイルに浸けているので、水を換える手間もなく、1年～半永久的に美しい花々を楽しむことができます。
光を採り込んで輝き、オイルの中でふわりと漂う花々の姿は、まさに自分だけの小さな花園です。

本書では、ハーバリウムの基本、そして各作家さんたちの作品およびその作り方を紹介しています。
ハーバリウムが与えてくれる、癒やしの世界を楽しんでください。

ハーバリウム
―美しさを閉じこめる植物標本の作り方

Contents

p.6 ハーバリウムを楽しむ毎日

- p.8 　日差しとハーバリウム
- p.10　ハーバリウムを飾る
- p.12　いつもの部屋に癒やしをプラス
- p.14　ハーバリウムに四季を閉じこめて
- p.16　「粋」を感じる和のハーバリウム
- p.18　容器で魅せるおしゃれな「植物標本」
- p.20　ダイナミックに、そして優雅に

p.22 ハーバリウムの基本

- p.24　必要な道具
- p.26　基本の作り方
- p.32　花材の選び方
- p.34　ボトルの選び方
- p.36　オイルの選び方
- p.38　ラベルやタグで標本らしく
- p.40　大切な人へハーバリウムを贈る

p.42 ハーバリウム・コレクション

- p.44　*Natural*　植物のありのままの姿を閉じこめて
- p.50　*Stylish*　クールな中にも優しさがきらりと光る
- p.56　*Basic*　ハーバリウムの美しさが際立つ
- p.62　*Unique*　ハーバリウムの世界が無限に広がる

p.67 ハーバリウム・レシピ

p.68　ガラス薬瓶ハーバリウム／p.70　プルモッサム、ルリタマアザミ／p.71　シンプルにキレイに可愛く。ザ植物標本、秋のイメージ／p.72　New year red chrysanthemum／p.73　クリスマスツリー、雪解けの水の中／p.74　押し花、イカ瓶と紅茶／p.76　Lady Dahlia Black butterfly／p.77　bride white garbera／p.78　bottle flower（ヘリクリサム×オレンジ）、アネモネのハーバリウム／p.79　bottle flower（デイジー×スケルトンリーフ）／p.80　和のギフト／p.82　シンプルにナチュラルに／p.84　フラワーミックス、グリーングラデーション、オレンジ／p.86　bottle flower（千日紅）、bottle flower（アジサイ）／p.87　ボタニカルブーケ／p.88　ワイルドローズの実／p.89　タタリカ／p.90　ユーカリ／p.91　プロティア／p.92　bottle flower（サラセニア）／p.93　カラー／p.94　ヘリクリサムの bottle flower（white、pink、yellow）／p.96　スプレーローズ／p.97　サングリアスパイス／p.98　フルーツオイル（りんご、グリーン、オレンジ）／p.100　シリンダーハーバリウム／p.102　Bouquet／p.103　植物標本／p.104　青の煌めき／p.105　実／p.106　花びらが舞う春のハーバリウム

p.75 ハーバリウム Q&A

p.108 ハーバリウムに灯をともす
－オイルランプ・ハーバリウム

p.114 ハーバリウムを身につける
－ハーバリウム・アクセサリー

p.120 ドライフラワーを手作りする

p.122　ドライフラワーの基本

p.124　自然乾燥で作る

p.126　シリカゲルで作る

p.128　自然乾燥とシリカゲルの仕上がりの違い

p.129　ドライフラワーにおすすめの花

p.130 ブーケをハーバリウムで残す

p.134 協力してくださったお店とアーティスト

ハーバリウムを
楽しむ毎日

空間や心を潤し、季節を教えてくれる花。小さなボトルに詰められたハーバリウムの花々は、豪華な花束にも負けないキラリと輝く時間を与えてくれます。ハーバリウムのある生活を体験してみましょう。

*Every day to
enjoy with Herbarium*

日差しと
ハーバリウム

ハーバリウムを最も美しく魅せるのが「光」。ハーバリウムに使用するオイルは光を閉じこめる性質があります。だからハーバリウムと日差しの相性は抜群。癒やし効果もアップしそう。

植物と光の
パワーをチャージ

ポジティブなエネルギーを与えてくれる植物と太陽の光。心に自然のパワーを呼びこみましょう。

シンプルにナチュラルに
How to make ▶ p.82

美しい影も楽しむ

ハーバリウムと日差しは、美しい影も生み出します。自然が作る影のアートも楽しんで。

Ⓐ アネモネのハーバリウム
How to make ➤ p.78

Ⓑ bottle flower（サラセニア）
How to make ➤ p.92

Ⓒ bottle flower（デイジー×スケルトンリーフ）
How to make ➤ p.79

日差しが作る モダンな空間

日差しが花材の模様を透かし、クールでモダンな雰囲気のハーバリウムに。モノトーンでまとめた部屋にもぴったりです。

bottle flower（サラセニア）
How to make ➤ p.92

ハーバリウムを飾る

ハーバリウムを並べて飾れば、光と自然が作るアート作品のような雰囲気に。自然素材だからズラリと並べても主張しすぎないところも◎。花材の色や種類など、テーマを決めて揃えれば、シリーズ作品としても楽しめます。

モダンで レトロな雰囲気に

ちょっと懐かしい雰囲気のボトルとトーンを抑えた花材が、クラシカルな空間を演出。男性の部屋にも似合いそう。

ガラス薬瓶ハーバリウム
How to make > p.68

優しい光を窓辺に並べる

ナチュラル感と透け感のある花材を組み合わせたハーバリウムを並べれば、何だか懐かしく優しい光が集まる空間に。

ひとつだけでも……

ハーバリウムに使用するオイルは光を閉じこめる性質があるので、ひとつだけでも十分に存在感を魅せてくれます。

ユーカリ
How to make > *p.90*

いつもの部屋に癒やしをプラス

水やりの手間や、日当たりを気にする必要がないのがハーバリウムの長所。だから、リビング、キッチン、寝室、そしてオフィスや店舗など、どんな場所でも癒やしの空間を作れます。

おはようとおかえりなさいが聞こえる

カウンターやテーブルの上から、朝は一日のパワーを、夜は疲れた心と体に癒やしを与えてくれます。

Ⓐ プルモッサム
Ⓑ ルリタマアザミ

How to make ▶ p.70

一人暮らしの部屋にも

水換えなどの世話をする必要がないから、忙しい一人暮らしの部屋も花のある空間にしてくれます。

いつも身近に小さな花園を

場所をとらないハーバリウムだから、オフィスのデスクの上や狭い棚の上も、花のある空間に。

ワイルドローズの実

How to make > p.88

ハーバリウムに四季を閉じこめて

美しい四季の彩りを、ボトルに詰めこんで楽しむのはいかが？ クリスマスやお正月など、イベントに合わせた作品もすてき。自分だけの記念日に、ハーバリウムを作るのもいいですね。

心が弾む「春」を感じる

新しいことが始まる春は、心が弾むような花材で気分をアップ！ ボトルの中から優しい春風も吹いてきそうです。

シンプルにキレイに可愛く。ザ植物標本
How to make ▶ p.71

スタイリッシュに「新年」を祝う

お正月の飾りは「和」のイメージが強いですが、洋間などモダンな部屋でも、違和感なくお正月の雰囲気を演出してくれます。

New year
red chrysanthemum
(新年・赤菊のハーバリウム)
How to make ▶ p.72

美しい「秋」の野山を詰めて

赤く色付いた葉や木の実など、美しい秋の野山を瓶詰めに。自然が少ない場所でも季節を身近に感じられ、ほっこりした気分になれます。

秋のイメージ
How to make ▶ p.71

クリスマスツリー
How to make ▶ p.73

ボトルの中の小さな「クリスマス」

大きなツリーは飾れない空間でも、ボトルの中の小さなツリーがクリスマス気分を盛り上げてくれます。プレゼントにもおすすめです。

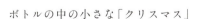

「粋」を感じる
和のハーバリウム

ハーバリウムというと何となく洋風なイメージがありますが、ボトルや花材を工夫するだけで、小粋な和のハーバリウムに。おもてなしの場や和物好きな人へのプレゼントにも。

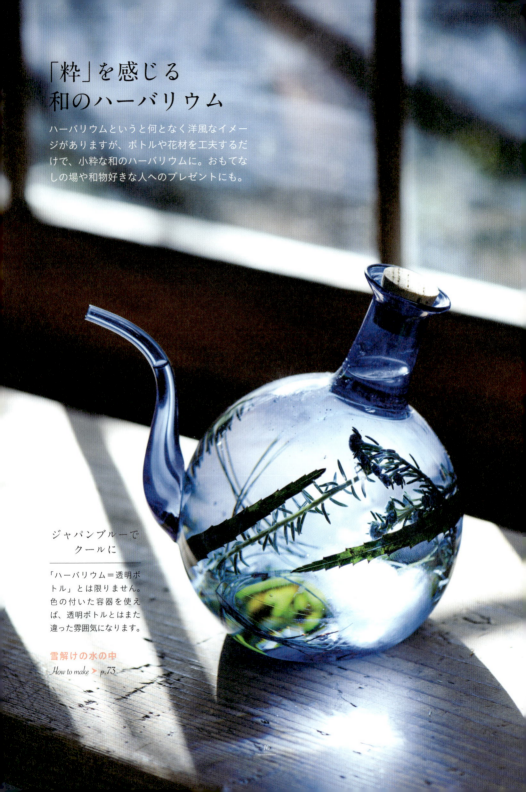

ジャパンブルーで
クールに

「ハーバリウム＝透明ボトル」とは限りません。色の付いた容器を使えば、透明ボトルとはまた違った雰囲気になります。

雪解けの水の中
How to make ▶ p.73

容器で魅せる
おしゃれな「植物標本」

ハーバリウムは、オイルが漏れないよう密閉できれば
よいので、ボトル以外の容器でもOK。なかでも意外
と使えるのが、理科の実験などで使う理化学用ガラス
容器。まさにおしゃれな「植物標本」が作れます。

部屋がおしゃれな研究室に

試験管に一輪挿し感覚で花材を入れて、
美しい植物標本に。おしゃれで楽しい
「植物研究室」風な空間を演出。

植物標本
How to make ➤ *p.103*

押し花も
ハーバリウムの仲間

ガラスシャーレに押し花を入れたハーバリウム。ハーバリウムのもともとの意味「植物標本」には押し花も含まれます。たくさん並べてもすてき。

押し花
How to make ▶ *p.74*

吊るして楽しむ
ハーバリウム

イカの形に似ているので「イカ瓶」。種子瓶とも呼ばれる標本用の瓶です。紅茶の葉と食用花を使った、形も中身もユニークなハーバリウムです。

イカ瓶と紅茶
How to make ▶ *p.74*

ダイナミックに、
そして優雅に

基本的に、小さなボトルで作ることが多いハーバリウムですが、大きなボトルで作るのも存在感があって楽しいもの。また、美しいハーバリウムをグッズにするアイデアもあります。

大きな花を大きな
ボトルに入れて

大容量ボトルを使えば、大ぶりな花材の形もそのまま生かせます。存在感がありながらナチュラルな雰囲気のインテリアに。

Lady Dahlia Black butterfly
《ダリア黒蝶のハーバリウム》
How to make ▶ p.76

ハーバリウムを
アクセサリーに

まさに身につけるハーバリウム。普段使いにも、ちょっとしたパーティーにもぴったり。ハーバリウムが耳元で輝きます。

カラフルハーバリウムピアス
How to make ▶ *p.116*

ブーケを丸ごと
ボトルに詰める

ウエディング、記念日、お祝いなどでいただいた大切なブーケを、思い出と一緒にボトルに詰めて残せます。

bride white garbera
(ガーベラブーケのハーバリウム)
How to make ▶ *p.77*

オイルランプに
ハーバリウムを

ハーバリウムに使用するオイルを変えれば、世界にひとつだけのオイルランプに。植物とやわらかな灯りで、癒やし度もアップ！

アンティークランプ
How to make ▶ *p.113*

インテリア・ハーバリウム

浄瑠花オイル
fuyuca oil

HARU COLLI

teacher：chie onodera（marmelo）

Basics of Herbarium
ハーバリウムの基本

光を採り込んでキラキラ輝く美しいハーバリウム。自分で作るのは難しそうと思われがちですが、実は意外と簡単。ハーバリウムに必要な道具や基本の作り方をおさえて、自分だけの癒やしの世界を作ってみましょう。

必要な道具

ハーバリウムを作るために必要な道具をチェック！　道具は花店やホームセンターで購入できます。ドライフラワーやオイルなど意外と嵩張るものが多いので、花材専門店のネットショップを活用しても◎。

❶ 花材
ドライフラワーまたはプリザーブドフラワーを使います。美しいハーバリウムを作るには、花材がしっかり乾燥していることが重要です（p.32参照）。

❷ ボトル
オイルが漏れないよう、口がしっかり閉まるものを使用。形や大きさは花のサイズや作りたいハーバリウムに合わせて選びましょう（p.34参照）。

❸ ハーバリウムオイル
使いやすく、美しく仕上がる「ハーバリウム専用オイル」がおすすめ。オイルの原料は流動パラフィン製やシリコン製などがあります（p.36参照）。

❹ はさみ
茎を傷めない「花はさみ」や「植木用はさみ」がベター。ホームセンターや花店で購入できます。ない場合は、普通のはさみ（よく切れるもの）でもOK。

❺ ピンセット
ボトルに花材を入れるときに使います。一般的なものでOKですが、ハーバリウム用（または水草用）のロングサイズのものがあると便利。

❻ 注ぎ口キャップ
（または注ぎ口のある容器）
ボトルにオイルを注ぐときに使います（ハーバリウム専用オイルに付属している場合が多い）。計量カップなど注ぎ口のある容器で代用してもOK。

キットやワークショップで試してみる

ハーバリウム用のボトルに、必要な量だけの花材とオイルがセットになったハーバリウムのキットも手に入ります。花材やオイルを余らせずにすむので、最初はキットで試してみてもいいでしょう。また、いろいろなお花屋さんで行われている、ワークショップに参加するのもおすすめです。

写真のキットの販売元：oriori green（https://oriorigreen.wixsite.com/mysite）

木の実の
ハーバリウムを作る

デイジーやポアプランツなど、ハーバリウムでよく使われる花材に、コロコロ木の実が可愛いミックスナッツを加えた、優しい雰囲気のハーバリウムで、基本の作り方を練習してみましょう。

基本の作り方

たくさん作ってみることがハーバリウム上達の近道。初心者は2〜3種類の花材で始めてみましょう。複数の花材を使うときは「下→中→上」の順に入れるようにするときれいにまとまります。

材料

材料

- 好みのドライフラワー
  ここでは下記の3種類を使用。ほかのものに代えてもOK。
  Ⓐ ミックスナッツ（白）
  Ⓑ デイジー
  Ⓒ ポアプランツ
- ガラスボトル　丸 100ml（直径 45mm × 高さ 125mm　口内径 19mm）……1本
- ハーバリウムオイル……100ml弱

道具

- はさみ
- ピンセット

準備

ボトルは洗って
よく乾かしておくこと！

ボトルが汚れていたり水分や脂分がついていると、オイルが劣化したりカビが発生したりすることがあります。ボトルはきれいに洗い、しっかり乾燥させておきましょう。

作り方のポイント

レイアウトを考えておく

作る前にどんなレイアウトにするかを決めましょう。今回は下からミックスナッツ、デイジー、ポアプランツ、ミックスナッツの順に入れるレイアウトにします。

ボトルに入れるときに花材が破損したら!?

ドライフラワーは乾燥しているので、ボトルの口などに触れると破損することがあります。もし破損したら、ボトルの中に落ちてしまった破片をピンセットで取り除き、きれいな花材に替えましょう。

1 下層に配置する花材を入れる

ボトルにミックスナッツを入れる。ボトルを回して全方向から見ながら、バランスよく入れる。

2 中間層に配置する花材を入れる

デイジーを適当な長さに切り、*1* の上に入れる。ボトルに入れる前に外側から当てて、位置や茎の長さをチェックしてみるとよい。

3 上層に配置する花材を入れる

2 の上にポアプランツを入れる。茎があるほうがポアプランツの特徴が生きるので、長めに切っておき、長さを調整しながら入れる。

4 最上層に配置する花材を入れる

再度、ボトルにミックスナッツを入れる。

5 全体のバランスを調整する

すき間の気になる場所に花材を足し、全体のバランスを調整する。詰めこみすぎると先に入れた花材が破損するので注意すること。

6 ハーバリウムオイルを入れる

ハーバリウムオイルに注ぎ口キャップを取り付け(または、注ぎ口のある容器にオイルを移し)、ボトルの首部分までゆっくり注ぐ。

7 完成

ボトルのキャップをしっかり閉めて完成。メッセージや使用花材などを書きこんだ、タグやラベルをつけるとさらにおしゃれに！

花材の入れ方

ひとくちに「ボトルに花材を入れる」といってもその方法はさまざま。
美しく見せる基本テクニックをチェックしておきましょう。

スケルトン（透け感のある）花材

スケルトンの花材を「仕切り」に

浮いてしまいそうな花材を押さえるときや、層を仕切りたいときは、スケルトンの花材を使うと、イメージを崩さずに仕切ることができます。

あえて浮かせてボトルに空間を作る

花材の量をボトルの半分程度にし、オイルを入れた際に花材が上方に浮くように作ると、ほどよい空間が生まれ、透明感を強調できます。

一輪挿し感覚で一輪だけ入れる

一輪だけで作ると、花だけでなく茎や葉も楽しむことができます。ボトルの大きさや長さを変えて作れば、モダンな空間演出効果も。

ボトルの形で花材の量を変える

ボトルの形に合わせて花材の量や入れ方を変えるのもポイント。ボリュームのあるボトルは花材の量を多めにすると、存在感のある作品に。

バランスの取り方

色や花材の組み合わせ方が悪いと、せっかくの花材も台無しに……。
美しくまとまるバランスの取り方を知っておきましょう。

2：1にしたりポイントで入れるなど、配色バランスに注意を！

同系色の花材でまとめる

同系色の花材を組み合わせると、ボトル全体の色彩に統一感が出ます。まとめやすく失敗が少ないので、初心者にもおすすめです。

反対色の花材を組み合わせる

反対色（赤と緑、黄と紫など）はお互いを際立たせる効果があります。しかし、バランスによってはうるさく感じるので注意しましょう。

透け感のある花材を活用する

ボトルに花材をたくさん詰めたいときは、スモークツリーなど透け感や抜け感のある花材も併せて使えば、全体にメリハリが出ます。

必ず全方向からチェック

全ての方向から見て美しく見えることがハーバリウムの基本。花材を入れるときはボトルを回しながら、何度も全方向からチェックを！

花材の選び方

美しいハーバリウムを作るには、「乾燥して水分がしっかり抜けている花材」を使うことが再重要ポイント。手軽に入手できるドライフラワーとプリザーブドフラワーがおすすめです。

ドライフラワー

ハーバリウムの花材として最もポピュラーなのがドライフラワー。花店や手芸店などでさまざまな種類のものが入手でき、自分でも手軽に作れるのが長所。壊れやすいので、取り扱いに注意しましょう。

選び方のポイント

市販のドライフラワーは着色されているものもあり、色落ちする場合があります。無着色のものでもオイルに浸けると色抜けするものもあるので、お店に聞いてみましょう。

プリザーブドフラワー

生花に保存液と着色剤を含ませて乾燥させたもので、生花のような鮮やかな色と質感が特徴です。ドライフラワーよりも高価ですが長持ちします。手間と道具が必要ですが自分で作ることもできます。

選び方のポイント

着色剤の種類によっては色落ちする場合もあります。顔料または染料で着色されている場合が多いですが、染料を使ったもののほうが色落ちは少ないようです。

Check! ハーバリウムに生花は使えない？

ハーバリウムに使用する花材は、水分が抜けて乾燥していることが重要です。水分を多く含む生花を使うと、オイルの濁りやカビの原因になります。ドライフラワーなどに加工してから使いましょう。

ボトルの選び方

ハーバリウムには密閉性の高いガラスボトルを使います。花材や作りたいイメージに合わせてボトルを選びますが、ボトルの形に合わせて花材やイメージを考えても楽しいですよ。

選び方の基本

- キャップがしっかり閉まるものを選ぶ
- しっかり自立するものを選ぶ
- ガラスの透明度の高いものを選ぶ

❶ 手持ちのボトル

ガラス製でキャップがしっかり閉まるものであれば、手持ちのボトルも使えます。お気に入りのボトルで作っても Good。

❷❸ 角形、多角形ボトル

四角形ボトルは最も使用される代表的な形。初心者にも使いやすく、多角形ボトルは面が多いので華やかに見えます。

❹ 丸形ボトル

電球形、スキットル形などがあります。やわらかい雰囲気のハーバリウムを作りたいときや個性を出したいときにおすすめ。

❺ スリムボトル

スリムで長いボトルはハーバリウムの定番。長さのある花材や一輪使いなど幅広く使えます。四角、丸形、円錐などがあります。

密閉性が劣るボトルは中蓋を

「手持ちのおしゃれなボトルを使いたいけど、キャップの密閉性が……」というときは、中蓋をつけて使う方法も。中蓋はホームセンターなどで購入できます。完全に密閉できるわけではないので、転倒には注意！

※コルク蓋のボトルを利用したい場合は p.77 をご覧ください。

[オイルの選び方]

ハーバリウムには「ミネラルオイル（流動パラフィン）」または「シリコンオイル」を使います。各花材専門店では、粘度や屈折度が計算されたハーバリウム専用オイルが販売されています。

注意！
オイルなので、どのタイプを使用する場合でも火気厳禁！

❶ ミネラルオイル
（流動パラフィン）

保湿剤などにも使用される、手軽で扱いやすいハーバリウムの定番オイル。光をたくさん閉じ込める性質があるので美しく仕上がります。温度が氷点下近くになると白く曇るので、寒冷地では室温に注意を。

❷ シリコンオイル

流動パラフィンよりも高価ですが、温度変化によって白く曇ることや、酸化劣化がありません。引火点も 300℃以上と高いので、ハンドメイドマーケットなど不特定多数の人に販売する場合などにおすすめ。

Memo
オイルの粘度について

数値が高くなるにつれドロドロしたオイルになります。目安として、オリーブ油が粘度 100 程度、メープルシロップが粘度 350 程度です。粘度が高いほど花材が動きにくくなりますが、使いやすさは人それぞれ異なるので、購入時は粘度もチェックしましょう。

Check!
身近なオイルでハーバリウム作り

ベビーオイル
ベビーオイルはミネラルオイルが使われているので、ハーバリウムオイルとして代用できます。メーカーによっては添加物が含まれている場合もあるので確認を。

サラダオイル
ミネラルオイルもシリコンオイルも無色透明ですが、サラダオイルは淡い黄色なので、やわらかく、アンティークな雰囲気のハーバリウムを作ることができます。

ラベルやタグで
標本らしく

植物標本が元になっているハーバリウムは、ラベルやタグとの相性も抜群。全体の印象を引き締める効果もあり、作品としての完成度も高まります。オリジナルで差をつけるのも◎。

市販のラベル＆タグ

各花材専門店や文具店では、ハーバリウムにも活用できるさまざまなデザインのラベルやタグが販売されています。そのまま貼るだけでもよいのですが、花材名や作品タイトル、自分のブランド名を書きこんでも Good。贈り物にする際にも活躍しそうです。

ラベルやタグに製造年月日を記載

ハーバリウムが美しく保つ期間は、作り方や密閉具合などによって、1〜3年と開きがあります。いつ作ったものかわかるよう、製造年月日を書いておくと便利です。とくにハンドメイドマーケットなどで販売する人は必ず記載を。

ラベルやタグも手作りで

ラベルやシール、タグもパソコンやプリンターで手作りできます。もちろん、シールやタグに手書きしたり、スタンプを利用してもすてき。デザインはもちろん、紙やタグひももも自由にカスタマイズできます。

[# 大切な人へ
ハーバリウムを贈る]

枯れてしまうこと、水換えなどの手間、場所をとるなどの理由で「花は好きだけれど、生花はもらうと困る」という人は意外と多いようです。ハーバリウムはそれらが一切ないので、贈り物にもおすすめです。

bottle flower
（ヘリクリサム×オレンジ）
How to make ▶ p.78

bottle flower
(デイジー×スケルトンリーフ)
How to make ▶ p.79

和のギフト
How to make ▶ p.80

ギフトボックスで改まって

ハーバリウム専用のギフトボックスを使用して、オーナメントなどで装飾すれば、簡単に、丈夫で美しいギフトに。引き出物などにも使うことができます。

ちょっとしたプレゼントに

ちょっとしたお礼など、いわゆる「お気持ち」的な贈り物にもピッタリ。生花と同じように「見せる」ラッピングにすれば、おしゃれ度もアップ！

オリジナルの袋で

クラフト紙などをハーバリウムの大きさに合わせて折って貼るだけで、オリジナルのラッピング袋を作ることができます。好みの紙で作ってみましょう。

ハーバリウムをおしゃれにラッピング！

透明感を生かしたラッピングにすれば、ハーバリウムの美しさもさらにアップします。

用意するもの
・ハーバリウム
・台紙付きクリアボックス
・紙パッキン
・好みのラベル
・麻ひも　など

❶ 台紙の穴付近に紙パッキンを置く。

動かないよう紙パッキンで調整！

❷ 台紙の穴にはめこむようにハーバリウムを入れる。

❸ 好みのラベルや麻ひもでデコレーションする。

ハーバリウム・コレクション

作家さんたちの、センスあふれるすてきなハーバリウム作品とそのレシピ（p.67〜）を紹介します。光を集めて輝くボトルのなかの小さな世界を、みなさんもぜひ作ってみてください。

Herbarium Collection

Natural

植物のありのままの姿を閉じこめて

まるで、花のガーデンを散歩しているような、ナチュラルテイストなハーバリウムたち。ありのままの姿を眺めているだけで、風と緑の香りに包まれている気分に。

How to make p.78

一輪だけでも
存在感がある人気花材
アネモネのハーバリウム

女性に人気のアネモネ。形が可愛らしく、ドライにしても楽しめるので、ハーバリウムにおすすめ。色の種類が豊富なので、好みの色で楽しみましょう。

How to make p.82

きれい・可愛い・かっこいい。
さまざまな表情の花と遊ぶ
シンプルにナチュラルに

ナチュラルな雰囲気の花々も、ボトルの形を変えると、
見せる表情が変わります。植物のイメージに合わせて
ボトルを選んで、いろいろな表情を楽しみましょう。

How to make p.86

オイルの中でふわりと
ゆれる姿に癒やされる

Ⓐ **bottle flower**（千日紅）
Ⓑ **bottle flower**（アジサイ）

淡い色味が可愛らしい、千日紅とアジサイがふわふわと漂うハーバリウム。千日紅とアジサイはハーバリウムでも大活躍してくれる人気花材です。

Ⓐ

Ⓑ

ほどよい空間が植物たちを
きれいに魅せる

Ⓐ フラワーミックス
Ⓑ グリーングラデーション
Ⓒ オレンジ

花材の間に作った適度な空間がオイルの透明感を際立たせ、植物が美しく見えます。透明な光の中で輝く「自然の美」にたっぷりと魅せられてみては。

How to make p.87

ナチュラル&スタイリッシュで
気分を上げる
ボタニカルブーケ

そのまま北欧風のテキスタイルになり
そうな、大人可愛いナチュラルブーケ
をハーバリウムに。リビングや寝室な
ど、リラックス空間にもぴったり。

Stylish

クールな中にも
優しさがきらりと光る

大人な空間にもピタリとハマる、モダンでクールなハーバリウムを集めました。自然の世界で生きる強さと人を癒やす優しさが共存する植物のかっこよさを、目と心で感じてみてください。

How to make p.88

無意識の美しさで
魅了する
ワイルドローズの実

ワイルドローズの花言葉は「無意識の美」。その言葉どおり、主張し過ぎない美しいた佇まいが、スタイリッシュな世界を作り上げてくれます。

白と黒の
コントラストを楽しむ

How to make p.89, 90

Ⓐ タタリカ
Ⓑ ユーカリ

白く優しい雰囲気のあるタタリカと、シルエットのようなユーカリ。それぞれ別の作品ですが、2つ並べて、そのコントラストを楽しむのもすてきです。

How to make p.91

ボトルの中に詰まった
静かなる情熱
プロティア

さまざまな種類があり、ワイルドフラワーの中でも人気のプロティア。情熱的でありながら、どこか落ちついたその雰囲気は、大人の空間にぴったり。

How to make p.92

光に透けた
美しさに思わず息をのむ
bottle flower（サラセニア）

食虫植物の中でも人気の高いサラセニア。模様が美しく、光を通して透ける姿が優雅です。ハーバリウムオイルが光を集め、その姿をさらに美しく魅せます。

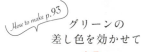

グリーンの
差し色を効かせて
カラー

大人の花の代名詞といえばカラー。気品あふれる花ですが、ソフトススキのグリーンが差し色になって、ナチュラルなスタイリッシュさを演出しています。

Basic ハーバリウムの美しさが際立つ

「これぞハーバリウム」という、ハーバリウムの長所を生かした作品を集めました。ベーシックだからこそ、どんなシーンにも合い、どんな人の心にもスッと馴染みます。

How to make p.94

1種類の花のカラーで楽しむ

Ⓐ ヘリクリサムの bottle flower (white)

Ⓑ ヘリクリサムの bottle flower (pink)

Ⓒ ヘリクリサムの bottle flower (yellow)

花びらの数が多く、色数も豊富なヘリクリサムは、たった1種類の花でも美しいハーバリウムが作れます。たくさん並べてグラデーションを楽しんでもすてき。

How to make p.96

小さな貴婦人が
ボトルの中で微笑む
スプレーローズ

ボトルにスッと1〜2本挿すだけで、バラの気高く美しい、それでいてちょっと可愛らしい表情が引き立ちます。白と赤、ペアで楽しんで。

How to make p.97

キッチンに飾れば料理の
時間も楽しくなる
サングリアスパイス

自家製シロップをイメージした、賑やかで楽しい作品。シナモンスティックなどのスパイスや、フルーツを使っているから、子どもから大人まで楽しめそう。

How to make p.98,99

思わず「おいしそう！」とつぶやいてしまう
フルーツオイル

フルーツと植物の、カラフルなハーバリウム。スタッキングボトルだから、並べても重ねても楽しい。オイルが光を集めてキラキラと輝き、フレッシュな雰囲気を演出！

How to make p.100

個性のある花々が紡ぐ
絶妙なハーモニー
シリンダーハーバリウム

おしゃれなシリンダーボトルに、それぞれ個性の違う小さな花束を入れた、シャビーな雰囲気のハーバリウム。生活に彩りを与えます。

How to make p.102

ボトルの中に詰まった
小さな花の物語
Bouquet

ラベンダーの根元に敷かれたアジサイの絨毯に、ちょこんと置かれたカスミ草の花束。花いっぱいの草原が浮かんできて、何だかすてきな物語ができそう。

Unique
ハーバリウムの世界が無限に広がる

ちょっと変わった容器、花材＋αなど、アイデアあふれるユニークな作品が大集合！ ガラスの中の小さなハーバリウムの世界が、工夫次第で、夢のある大きな世界へと広がっていきます。

How to make p.103
博士気分で
「今日はどれを研究しようかな」
植物標本

理科の実験で使った、昔懐かしい試験管もハーバリウムのボトルになります。お気に入りの植物を入れて並べれば、すてきな植物研究室に！

How to make p.105

つぶつぶ・コロコロ
心を癒やすお薬
実

小さな薬瓶に詰められたさまざまな実は、目で見て、手に取って眺めるとほっこりしてくる、心を癒やすお薬です。いろいろな色の実で作っても楽しそう。

How to make p.104

インテリアライトにもなる
おしゃれなハーバリウム
青の煌き

美しいブルーの花々の中に、ハート
のオブジェが浮かぶハーバリウム。
ワイヤーのメタリックが植物の柔ら
かさや質感を引き立ててくれます。

How to make p.106

桜が舞う春の景色を
ボトルに詰めて
**花びらが舞う
春のハーバリウム**

カーネーションの花びらをばらして入れることで、桜の花びらのようにフワフワと舞います。桜吹雪が舞う暖かな小径を歩いている気分になれます。

How to make p.107

遊び心たっぷり！
ハーバリウムのジオラマ
パンダ

花の中からパンダが登場！ 植物の力とパンダの愛らしさで、さらにハートが癒やされそう。プレゼントにしても喜ばれそうですね。

Herbarium Recipe

ハーバリウム・レシピ

本書に掲載した、作家さんたちの作品の作り方をご紹介します。

基本テクニックからアイデア、

また、花のまとめ方や美しく見せるコツなどが学べます。

参考にしながら、みなさんも美しいハーバリウムを

作ってみてください。

レシピについて

花材について
使用する花材は、ドライフラワー、プリザーブドフラワーどちらでも構いません。

花材の分量の表記について
1本（1個）の花材を使用するものは「本（個）」、1本の花材の枝分かれした部分を使用するものは「枝」と表記しています。また、同じ花でも花のサイズや花つきは異なるので、分量は目安です。

ハーバリウムオイルについて
使用するオイルは、ミネラル（流動パラフィン）、シリコンどちらでも構いません。また、分量は目安です（花材の量やサイズによって異なります）。

ガラス薬瓶ハーバリウム

Artist : oriori green

Items

- ガラス薬瓶（直径68mm×高さ128mm 口内径約35mm）……4本
- ハーバリウムオイル……1本 250ml
- 麻ひも（約5cm）……4本
- ニス（スプレータイプ）……適量
- エポキシ系接着剤……適量

Flowers

- Ⓐ ユーカリ1本、バラ（暖色系3種）各1本、ブルーファンタジー1本
- Ⓑ エリンジウム1本、ブルーファンタジー2本、デューカデンドロン3本、クリスマスブッシュ1本
- Ⓒ トルコキキョウ1本、エノコログサ3本、スターチスハイブリット1本、グニーユーカリ1本
- Ⓓ エリンジウム2本、菊1本、ブルーファンタジー1本、ユーカリ細葉1本

❶ Ⓐ～Ⓓそれぞれの花束を作る。Ⓐ～Ⓓ共に、背景となる葉物（デューカデンドロン、ユーカリ、スターチスハイブリットなど）を背面に配置する。
❷ ❶の前方横側に、控え（ブルーファンタジー、エノコログサ、小さめのバラ）を添える。
❸ ❷の正面に、主役となる花（エリンジウム、バラ、菊）を配置する。
❹ Ⓐ～Ⓓの花束の根元を麻ひもでしばり、固定する。
❺ ❹を各瓶に入れ、ハーバリウムオイルを注ぐ。
❻ 蓋と瓶の縁に接着剤を塗布し、接着する。
❼ 日付など記入したラベルを貼る。

Front Ⓐ

ユーカリ
ブルーファンタジー
バラ（暖色系）

Front Ⓒ

トルコキキョウ
エノコログサ
グニーユーカリ

Point

花束をきれいに作れると、ボトルに入れても崩れません。麻ひもでまとめるときにしっかりしばることで、ボトルの口より大きい花束でも崩れず入れることができます。

Front

- ブルーファンタジー
- デューカデンドロン
- エリンジウム

Back

クリスマスブッシュ

スターチスハイブリット

ユーカリ細葉

Front

- ブルーファンタジー
- 菊
- エリンジウム

> Check!
> ### 花束を上手に作るコツ
> バランスのよい花束を作るには、それぞれの花材に「役」を与えます。
> 【主役(メイン)】　最も目立たせたい花材。
> 【控え】　　　　　助演。主役を引き立てる。
> 【ポイント】　　　アクセントを与える花材。
> 【背景】　　　　　全体のベースとなる花材。葉物やボリュームのある小花。
> 作り方のコツは、背景と控えをしっかり作ること。主役の花の美しさが際立ちます。

プルモッサム

Artist：suite（小柳洋子）

Items
- ガラスボトル　丸200ml（直径52.5mm×高さ143mm　口内径約38mm） ────── 1本
- ハーバリウムオイル ────── 200ml弱

Flowers
- プルモッサム ────── 2本

❶ プルモッサムは花がきれいにバランスよく開いているものを2本選んで切り、大・小の2つの長さにする。大はボトルの高さと同じぐらいにし、小は大より花1つ分強ほど短く切る。
❷ ボトルに小の花を入れ、ピンセットで位置を整える。
❸ 大の花を入れ、❷と重ならないようにピンセットで調整する。
❹ ハーバリウムオイルを注ぎ、キャップを閉める。

Point
2本の枝が真ん中に向き合うようなバランスで入れるときれいに見えます。葉は多すぎないほうがよいので、すっきりするぐらいに取り除きましょう。

ルリタマアザミ

Artist：suite（小柳洋子）

Items
- ガラスボトル　丸200ml（直径52.5mm×高さ143mm　口内径約38mm） ────── 1本
- ハーバリウムオイル ────── 200ml弱

Flowers
- ルリタマアザミ ────── 3本

❶ ルリタマアザミを大・中・小の3つの長さに切る。大はボトルの高さと同じぐらいにし、中は大きいアザミと重ならない長さにする。小は大と中とのバランスを見て切る。
❷ ボトルに小さいアザミから順番に、バランスよく入れていく。
❸ ハーバリウムオイルを注ぎ、キャップを閉める。

Point
3本のアザミが重ならないように入れましょう。葉は下のほうを少しだけ残しておくと、植物の雰囲気が出ます。

Back

Front

Back

70

p.14 シンプルにキレイに可愛く。 ザ植物標本

Artist：北中植物商店（小野木彩香）

Items
- 古道具の薬瓶（直径約70mm ×高さ約130mm　口内径約20mm）……1本
- ハーバリウムオイル……約300ml

Flowers
- ミモザ……2本
- カスミ草……2〜3本

1. ミモザは小さいサイズ1本とメインにする大きいサイズ1本を用意する。カスミ草は瓶に入る長さに切る。
2. 瓶の底に小さいミモザを入れる。
3. メインとなる長くて花付きの良いミモザを入れる。
4. 2の周りにバランスよくカスミ草を入れる。
5. 瓶にハーバリウムオイルを注ぎ、蓋を閉める。

カスミ草
ミモザ

Point
花の茎を見せて、程よい空間を。また、材料をそのまま入れるとゴチャッとするので、花の数が多い場合は間引きましょう。

p.15 秋のイメージ

Artist：北中植物商店（小野木彩香）

Items
- 古道具の薬瓶（直径約85mm ×高さ約130mm　口内径約20mm）……1本
- ハーバリウムオイル……約500ml

Flowers
- 雑木の落ち葉（紅葉、イチョウ、ナラ）洋種山ゴボウ、カズラ、栗の枝……すべて適量

1. 瓶の底に紅葉やイチョウを入れる。
2. 1に洋種山ゴボウとカズラを入れ、ボトルに這わせるようにピンセットで整える。
3. 2の真ん中に栗の枝を入れ、周りに雑木の落ち葉を入れる。
4. 瓶にハーバリウムオイルを注ぎ、蓋を閉める。

洋種山ゴボウ

洋種山ゴボウ
カズラ

カズラ
栗の枝
雑木の落ち葉

p.15
New year red chrysanthemum
（新年・赤菊のハーバリウム）

Artist：oriori green

Items
- ガラス瓶（直径 110mm ×高さ 290mm　口内径約 100mm） ……… 1本
- 麻ひも（約8cm） ……… 1本
- ハーバリウムオイル ……… 1800ml
- 水引 ……… 金10本程度　銀4本程度
- グルー ……… 適量
- エポキシ系接着剤 ……… 適量

Flowers
- 赤菊 ……… 2本
- イネ ……… 5本
- 黒キビ ……… 3本
- ユーカリ細葉 ……… 3本
- サンキライ ……… 1房

❶ 赤菊を主役にして、イネとキビ、ユーカリで豪華な背景を作り、麻ひもでまとめる。
❷ 水引を好きな結び方で製作し、サンキライと一緒にまとめる。サンキライが外れないよう、グルーで留める。
❸ ❷をグルーで❶の麻ひも部分に固定する。
❹ ❸を瓶に入れて、ハーバリウムオイルを注ぐ。
❺ 蓋と瓶の縁に接着剤を塗布し、接着する。

Front / Back

黒キビ
イネ
ユーカリ細葉
赤菊
サンキライ

Point
すべての赤菊を正面に向けることで、お互いの控えとして機能し、豪華な印象になります。

Point
水引は結ばなくても、まとめてつけるだけで、お正月の雰囲気になります。

Check! あると便利なグルーガン

スティック状の樹脂（グルー）を溶かして接着する道具がグルーガン。工作や手芸でよく使うので、あると便利です。

p.15 クリスマスツリー

Artist：suite（小柳洋子）

Items
- ガラスボトル　角100ml（幅40mm×高さ125mm　口内径約19mm）……1本
- ハーバリウムオイル……100ml 弱

Flowers
- ソフトヒムロスギ……1本
- ペッパーベリー（白）……適量

① ソフトヒムロスギの枝から、ボトルと同じぐらいの高さの枝を1本切る。
② ペッパーベリーの枝から、実が15粒程まとまってついている枝を切る。
③ ペッパーベリーを雪のイメージでボトルの底付近に敷くように入れる。
④ ヒムロスギをボトルにに刺すように入れ、ボトル全体にバランスよくピンセットで広げる。
⑤ オーナメントのイメージで、ペッパーベリーを④に3〜4カ所ピンセットで引っ掛ける。
⑥ ペッパーベリーが落ちないよう、静かにハーバリウムオイルを注ぎ、キャップを閉める。

Front　ソフトヒムロスギ

Point
ヒムロスギの枝は、もみの木のような形のものを選びます。少し空間ができる枝ぶりのもののほうが、オイルを入れたときにツリー感が出ます。

ペッパーベリー

Back

Point
ペッパーベリーは潰れやすいので、ボトルに入れるときに注意を。オーナメントに使う場合は2〜3粒がベター。

p.16 雪解けの水の中

Artist：北中植物商店（小野木彩香）

Items
- 古道具の水差し瓶（幅約90mm×高さ約115mm　口内径約18mm）……1個
- ハーバリウムオイル……約380ml

Flowers
- グレビリアアスプレニフォリア、フィリカ、コアラファン、コットン……すべて適量

① 水差し瓶にグレビリアアスプレニフォリアを入れ、ピンセットで瓶に沿うように整える。
② フィリカを丸め、①に入れる。
③ コアラファンを丸めて軽く縛り、②に入れる。
④ コットンは綿をつまんで伸ばして瓶に入れる。
⑤ ④にハーバリウムオイルを注ぎ、蓋をする。

Point
オイルを入れた際に、青い瓶の透明感を強調したいので、花材は入れすぎないようにしましょう。

フィリカ

グレビリアアスプレニフォリア　コアラファン　コットン

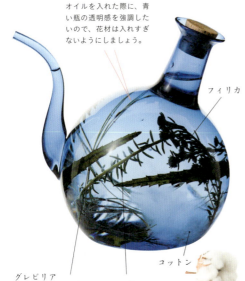

[p.19 押し花]

Artist：北中植物商店（小野木彩香）

Items
- 古道具のガラスシャーレ（直径約90mm ×高さ約25mm　口内径約86mm）
　　　　　　　　　　　　　　1個
- ハーバリウムオイル
　　　　　　　　シャーレの7分目程度
- 両面テープ　　　　　　　　適量

Flowers
- ビオラ　　　　　　　　　　2枚
- ラナンキュラス（花びら）　　3枚

❶ 花材をすべて押し花にする。
❷ ❶の裏に両面テープを貼り、シャーレに貼る。
❸ ハーバリウムオイルを注ぎ、蓋をする。

ビオラ
ラナンキュラス
ビオラ

Point
シャーレに入れる際に、押し花のふちがめくれたり、浮いたりするので、ピンセットで整えましょう。

Front
Back

矢車菊
ヘリクリサム

[p.19 イカ瓶と紅茶]

Artist：北中植物商店（小野木彩香）

Items
- 古道具のイカ瓶（幅約85mm ×高さ約150mm　口内径約20mm）
　　　　　　　　　　　　　　1個
- ハーバリウムオイル
　　　　　　　　　ひたひたになる程度
- ワイヤー　　　　　　　好みの長さ

Flowers
- 紅茶、ヘリクリサム（食用）、矢車菊（食用）
　　　　　　　　　　　　すべて適量

❶ 紅茶にヘリクリサムと矢車菊を、2：3：5くらいでブレンドする。
❷ ❶をイカ瓶にぎっしり詰める。
❸ ハーバリウムオイルを注ぎ、コルクで蓋をする。
❹ イカ瓶のくびれ部分に、ワイヤーを2〜3周、しっかりと巻きつける。

Point
花材はよく混ぜてから瓶に詰めましょう。ブレンドの割合を変えて、ヘリクリサムを5にすると黄色が増えて明るい雰囲気に仕上がります。

ハーバリウムを作るときや、作ったあとの疑問を解決！

ハーバリウムQ&A

Q ハーバリウムを作るときに注意することは？

A オイルを使用するので、絶対に火気厳禁！ミネラルオイル（流動パラフィン）もシリコンオイルも引火点は高いですが、可燃性です。火気に十分注意しましょう。キッチンなどに飾る場合も注意を。

Q ハーバリウムはどこに飾ってもいい？

A ハーバリウムは光がある場所が最も美しく見えます。しかし、直射日光が当たると、花材が退色しやすくなるので、直射日光が当たる場所は避けるか、レースのカーテンで日差しを和らげるなど工夫しましょう。

Q ハーバリウムの鑑賞期間は？

A 長く楽しめますが、時間経過とともに、退色したり花びらや葉が落ちることがあります。オイルの種類、また設置場所の環境など、条件によって異なりますが、おおよそ1～3年といわれています。

Q ハーバリウムを廃棄するときは？

A オイルは、揚げ油など食用オイルを廃棄するときと同じ方法で処理します。絶対に排水に流してはいけません。花材・オイル・ボトルに分別し、各地方自治体の指示に従って廃棄しましょう。

p.20

Lady Dahlia Black butterfly
(ダリア黒蝶のハーバリウム)

Artist : oriori green

Items
- ガラス瓶（直径 150mm ×高さ 180mm　口内径約 100mm）……1 本
- 麻ひも（約15cm）…………………1 本
- ハーバリウムオイル……………1900ml
- リボン（約50cm）…………………1 本
- エポキシ系接着剤………………適量

Flowers
- デューカデンドロン………………7 本
- エノコログサ………………………5 本
- ケイトウ……………………………1 本
- バラ…………………………………1 本
- ダリア黒蝶…………………………1 本

❶ 赤系でまとめるよう意識して花束を作る。背景にデューカデンドロンの葉の先が赤くなっている部分のみを使う。
❷ ❶に控えのエノコログサを左（または右）、ケイトウを右（または左）に配置する。
❸ ❷の主役を入れたい位置に寄り添うように、控えのバラを配置する。
❹ ❸に主役のダリア黒蝶を、正面に向けて配置する。
❺ 花束の根元を麻ひもでしばって固定し、その上からリボンを結ぶ。
❻ ❸を瓶に入れて、ハーバリウムオイルを注ぐ。
❼ 蓋と瓶の縁に接着剤を塗布し、接着する。

Front

バラ
ダリア黒蝶
ケイトウ

Point
ダリア黒蝶をシリカゲルでドライフラワーにするときは、パスタを入れるような長細い容器に花を下向きに入れ、茎ごとシリカゲルに漬けましょう。

Back

デューカデンドロン
エノコログサ

Point
ダリアはいろいろな品種があるので、品種を組み合わせても◎。ダリアの色に合わせて、バラとケイトウの色を選びましょう。

p.21 bride white gerbera
（ガーベラブーケのハーバリウム）

Artist：oriori green

Items
- ガラス瓶（直径180mm×高さ220mm　口内径約100mm）……1本
- 麻ひも（約15cm）……1本
- ニス（スプレータイプ）……適量
- ハーバリウムオイル……3500ml
- エポキシ系接着剤……適量

Flowers
- ガーベラ（白）……3本
- ペッパーベリー……7本程度
- ユーカリポプラスリーフ……4本程度
- ブルーファンタジー……5本程度
- アルストロメリア（白）……3本

❶ 全体の背景として、ユーカリポプラスリーフ、ブルーファンタジー、アルストロメリアを配置する。
❷ ❶の前方や横側に、ポイントのペッパーベリーを添える。
❸ ❷の正面に、主役のガーベラを配置する。
❹ 花束の根元を麻ひもでしばって固定する。
❺ コルク蓋をスプレーニスでコーティングする。
❻ ❹を瓶に入れ、ハーバリウムオイルを注ぐ。
❼ ❺が乾いたら、❺と瓶の縁に接着剤を塗布し、接着する。

Point
主役の大きくて白いガーベラが引き立つよう、ポイントとなる花材は、色のはっきりした実物のペッパーベリーを使います。

Front

ペッパーベリー

ユーカリポプラスリーフ

ガーベラ

Back

アルストロメリア

ブルーファンタジー

Check！ コルク蓋はニスでコーティングを
コルク蓋はそのまま使用すると、オイルが外に染み出してしまいます。コルクの質感は損なわれますが、ニスなどでコーティングすると、オイルの染み出しが防げます。

p.40
bottle flower
（ヘリクリサム×オレンジ）

Artist：marmelo（小野寺千絵）

Items
- ガラスボトル（幅90mm×高さ90mm　口内径約40mm）……1個
- ハーバリウムオイル……約210ml

Flowers
- ヘリクリサム（黄）……適量
- ドライオレンジ……2〜3枚

❶ ヘリクリサムは茎を切って花部分だけにする。ドライオレンジは半分に切る。
❷ ボトルに花とオレンジをバランスよく入れていく。なるべく空間のないように詰めるのがポイント。
❸ ハーバリウムオイルを注ぎ、キャップを閉める。

Front

ドライオレンジ

ヘリクリサム

Back

Point
テーマの色を決め、使う花材の色味を統一すると、きれいにまとまります。今回は黄色とオレンジでまとめています。

p.9,44
アネモネのハーバリウム

Artist：marmelo（小野寺千絵）

Items
- ガラスボトル　丸100ml（直径40mm×高さ125mm　口内径19mm）……1本
- ハーバリウムオイル……100ml弱

Flowers
- アネモネ……1本

❶ アネモネは、ボトルの高さと同じくらいの長さに切る。
❷ ボトルに入れ、ハーバリウムオイルを注ぎ、キャップを閉める。

Front

アネモネ

Point
アネモネはさまざまなカラーがあります。また、花の開き具合によって、雰囲気がガラッと変わります。好みの色や形で作ってみましょう。

p.9, 41
bottle flower
（デイジー×スケルトンリーフ）
Artist：marmelo（小野寺千絵）

Items
- ガラスボトル　丸100ml（直径40mm ×高さ125mm　口内径19mm）—1本
- ハーバリウムオイル ………… 100ml弱

Flowers
- デイジー（紫） ………… 4本程度
- スケルトンリーフ ………… 3枚程度

❶ デイジーは適当な長さに切る。
❷ ボトルに❶を入れ、スケルトンリーフで押さえるように、交互にバランスよく入れていく。
❸ ハーバリウムオイルを注ぎ、キャップを閉める。

Point

スケルトンリーフは、オイルを入れたときにデイジーが浮くのを防ぐ役割もします。交互に入れたり、枝の間に入れたりするとよいでしょう。

花材を変えてアレンジ
デイジーの色を変えたり、ほかの花材をプラスして、写真のようにシリーズで並べても楽しい。

p.41 和のギフト

Artist：madopop（中川窓加）

Items

ⒶⒷ共通
- ガラスボトル　角200ml（幅40mm×高さ214mm　口内径約19mm）……………2個
- ハーバリウムオイル……1本 200ml弱
- 金のリボン（幅5〜6cm×長さ約20cm）……………2本
- グルー（必要に応じて）……適量
- Ⓐ 水引飾り（赤系）……………1個
- Ⓑ 水引飾り（白系）……………1個
- 白のタッセル……………1個

Flowers

- Ⓐ ボタンフラワー……………3本
- ペッパーベリー……………3枝
- ラスカス……………1本
- アスパラ……………1本
- Ⓑ ミリオクラダス……………1本
- ラスカス……………1本

【Ⓐ】
1. リボンはボトルの首下くらいの長さに切り、ボトルに入れ、背面に沿うように配置する。
2. 花材はバランスを見ながら長さを調整し、下から順に入れていく。
3. 水引飾りもバランスを見ながら入れ、必要に応じてグルーで花材に固定する。
4. ハーバリウムオイルを注ぎ、キャップを閉める。

【Ⓑ】
1. リボンはボトルの首下くらいの長さに切り、ボトルに入れ、背面に沿うように配置する。
2. 花材はバランスを見ながら長さを調整し、下から順に入れていく。
3. 水引飾りもバランスを見ながら入れ、必要に応じてグルーでミリオクラダスに固定する。
4. ハーバリウムオイルを注ぎ、キャップを閉める。
5. 白のタッセルをボトルにかける。

Point

背面のリボンは、ハリのあるもののほうが固定しやすくなります。

80

p.8,45 シンプルにナチュラルに

Artist：北中植物商店（小野木彩香）

Items

- **Ⓐ Ⓑ**
  - ガラスボトル 丸100ml（直径40mm×高さ125mm 口内径約19mm）............各1本
  - ハーバリウムオイル............各100ml弱
- **Ⓒ**
  - ガラスボトル 丸150ml（直径45mm×高さ168mm 口内径約19mm）............1本
  - ハーバリウムオイル............150ml弱
- **Ⓓ**
  - ガラスボトル 角100ml（幅40mm×高さ125mm 口内径約19mm）............1本
  - ハーバリウムオイル............100ml弱
- **Ⓔ**
  - ガラスボトル 六角100ml（直径40mm×高さ125mm 口内径19mm）............1本
  - ハーバリウムオイル............100ml弱

Flowers

- **Ⓐ** スターリンジャー1本、ヤロウ2枝、コアラファン適量
- **Ⓑ** エリカ2本程度、クリスパム2本
- **Ⓒ** ニゲラ2本程度、ヤロウ3枝、コアラファン適量
- **Ⓓ** デルフィニウム2本程度、デイジー3～4本、モナルダ1本
- **Ⓔ** スターチス（ピンク・紫）、スターリンジャー、ケイトウ各適量

【Ⓐ】
1. 短めのヤロウをボトルの底に入れ、ボリュームのあるスターリンジャーを真ん中に1本入れる。
2. スターリンジャーに絡ませるように、コアラファンを入れ、ボトルの上方にヤロウを入れる。
3. ハーバリウムオイルを注ぎ、キャップを閉める。

【Ⓑ】
1. 短めのクリスパムをボトルの底に入れ、ボリュームのあるエリカを真ん中に1本入れる。
2. エリカに絡ませるように、クリスパムを入れる。
3. ハーバリウムオイルを注ぎ、キャップを閉める。

【Ⓒ】
1. 短めのニゲラをボトルの底に入れ、ボトルの中層部にニゲラとヤロウを入れる。
2. コアラファンを全体に絡ませ、ボトルの上方にニゲラとヤロウを入れる。
3. ハーバリウムオイルを注ぎ、キャップを閉める。

【Ⓓ】
1. 蕾をカットした花付きのよいデルフィニウムを、茎を残して2本入れる。
2. デイジーとモナルダも茎を残して入れる。
3. ハーバリウムオイルを注ぎ、キャップを閉める。

【Ⓔ】
1. スターチスのピンクと紫、ケイトウは小さく切る。スターリンジャーは花部分だけにする。
2. 全材料を混ぜ、ボトルに詰める。
3. ハーバリウムオイルを注ぎ、キャップを閉める。

Front Ⓐ — スターリンジャー、コアラファン、ヤロウ

Back

p.47 Ⓐ フラワーミックス

Artist：suite（小柳洋子）

❶ 花材全てを同じぐらいの大きさに切り、テーブルに並べる。
❷ ボトルに実と花を交互にバランスよく、ピンセットで入れていく。なるべく空間のないようにぎっしり詰めるのがポイント。
❸ ハーバリウムオイルを注ぎ、キャップを閉める。

Items
- ガラスボトル　角 100ml（幅 40mm×高さ 125mm　口内径 19mm）……1本
- ハーバリウムオイル……100ml 弱

Flowers
- ブルニア、デイジー、ユーカリエキゾチカ、千日紅、タタリカ、ペッパーベリー、ルリタマアザミ、グラスペディア、サティバ……各適量

Point
色が同じトーンにならないように入れていきます。ビビッドな色のものは全体に散らすように入れると、メリハリが出ます。茎の部分が表側に向かないように入れるのもきれいに見えるコツです。

Point
花材同士の間はある程度空けておきましょう。オイルの透明感が際立ち、植物がきれいに見えます。

Ⓐ Front — 千日紅、サティバ、タタリカ、ユーカリエキゾチカ、デイジー
Back — グラスペディア、ルリタマアザミ、ブルニア、ペッパーベリー
Ⓑ Front — サティバ、ユーカリエキゾチカ

Ⓑ グリーングラデーション

Artist：suite（小柳洋子）

Items
- ガラスボトル　角100ml（幅40mm×高さ125mm　口内径19mm）……1本
- ハーバリウムオイル……100ml弱

Flowers
- サティバ……3本
- ユーカリエキゾチカ……5〜6枝

❶ ユーカリエキゾチカの枝を、ランダムに5〜6本切る。
❷ ボトルに❶を1本ずつ、全体に隙間のないよう、ピンセットで入れていく。
❸ サティバの茎を好みの長さに切り、バランスを見ながら❷にピンセットで挿し込んでいく。
❹ ハーバリウムオイルを注ぎ、キャップを閉める。

Ⓒ オレンジ

Artist：suite（小柳洋子）

Items
- ガラスボトル　角100ml（幅40mm×高さ125mm　口内径19mm）……1本
- ハーバリウムオイル……100ml弱

Flowers
- アンモビューム……3本
- マリーゴールド……1本
- ブルニアスプレー……3本

❶ アンモビューム3本を、高・中・低と長さを決めて茎を切る。
❷ ボトルの手前側部分に、ピンセットで1本ずつ、❶をバランスよく挿していく。
❸ マリーゴールドを、アンモビューム3本より少しだけ長くなるように切り、❷の後ろ側にピンセットで入れる。
❹ 残りの空間に、ブルニアスプレーを埋めるように配置していく。
❺ ハーバリウムオイルを注ぎ、キャップを閉める。

Point
入れた花材の隙間を埋めるように配置していくと、バランスよく見えます。ボトルの下部だけは、空間があると花材の特徴が際立ちます。

p.46

Ⓐ bottle flower（千日紅）
Ⓑ bottle flower（アジサイ）

Artist：marmelo（小野寺千絵）

❶ 千日紅は茎を2〜2.5cm残して切る。
❷ Ⓐのボトルには千日紅を入れる。Ⓑのボトルには、ボトルの2/3程度までアジサイを入れる。
❸ ハーバリウムオイルを注ぎ、キャップを閉める。

Items
- ガラスボトル　六角100ml（直径40mm×高さ125mm　口内径19mm）……2本
- ハーバリウムオイル……1本 100ml弱

Flowers
- Ⓐ・千日紅…………10〜12本
- Ⓑ・アジサイ…………適量

Point
あえて空間を作ることで透明感を強調します。また、花材がオイルに浮かぶようにしたいので、詰めすぎないよう注意！

Point
アジサイは、ドライでもプリザーブドでも美しく、さまざまな色があります。ボリュームを出すときなどにも使えるので便利。

Front

Ⓐ 千日紅

Ⓑ アジサイ

Back

p.48

ボタニカルブーケ

Artist：suite（小柳洋子）

Items
- ガラスボトル　丸350ml（直径 55mm ×高さ 197mm　口内径約 38mm） ……1本
- ハーバリウムオイル ……350ml弱

Flowers
- ルリタマアザミ、セファロフォラ、ポアプランツ、ユーカリエキゾチカ、ブルーサルビア、オーデコロンミント、ソフトライスフラワー、ローナス、カーネーション ……各適量

1. 入れたい花材を並べる。
2. ボトルの下のほうに、実もの花材をピンセットでバランスよく並べながら入れていく。
3. ❷に長い枝の花材を、短いものから順に、バランスを見ながら挿していく。
4. その他の花材も、ブーケを作るイメージでバランスを見ながら入れていく。
5. ハーバリウムオイルを注ぎ、キャップを閉める。

Front

- セファロフォラ
- ポアプランツ
- オーデコロンミント
- ユーカリエキゾチカ
- ソフトライスフラワー
- ローナス

Point　ブーケを作る感覚で、ボトルの真ん中の花材は短く、外側にいくにつれて長くしていくとバランスが取れます。

Point　濃い色の花材を全体に散らして入れると、バランスも見栄えもよく仕上がります。また、ボトルの上部は空間があると、入れた植物がきれいに見えます。

Back

- ブルーサルビア
- カーネーション
- ローナス
- ルリタマアザミ

ワイルドローズの実

p.13, 50

Artist：suite（小柳洋子）

Items
- ガラスボトル 丸250ml（直径57.2mm ×高さ161mm 口内径19mm）……1本
- ハーバリウムオイル ……………… 250ml弱

Flowers
- ワイルドローズ（実付き）………… 3枝

❶ ワイルドローズは実が多めについた枝を3本選び、実の多い枝2本はボトルと同じくらいの高さに切り、実が少なめの枝1本は短く切る。
❷ ボトルに短い枝を入れ、場所を決める。
❸ ❷とのバランスを見ながら、長い枝を1本ずつ入れていく。
❹ ハーバリウムオイルを注ぎ、キャップを閉める。

Front

Point
ワイルドローズの枝は、3本でボトル全体に広がるぐらいのボリュームのものを選びましょう。

Point
枝が浮きやすいので、必ず1本は、ボトルと同じぐらいの長さにしましょう。そうすることで全体が浮くことを防ぎます。

ワイルドローズ（大）

Back

ワイルドローズ（小）

p.51

タタリカ

Artist ：suite（小柳洋子）

Items
- ガラスボトル　丸300ml（直径68mm ×高さ151mm　口内径19mm） ……1本
- ハーバリウムオイル……300ml弱

Flowers
- タタリカ……3枝

① ボトル全体に花が行き渡るようにするために、広がりが大きめのタタリカを選び、その中から小さい枝2本と大きい枝1本を切る。
② 小さい枝を入れ、ボトルの下方に配置する。
③ ②の位置を確認しながら、大きい枝がボトル全体に広がるイメージで配置する。
④ ボトルの中に落ちた花を、逆さまにして取り除く。
⑤ ハーバリウムオイルを注ぎ、キャップを閉める。

Front

Point
オイルを入れるとき、タタリカの花にオイルがかかると、花が散りやすいので、花に当たらないように入れましょう。

Point
枝が浮き上がるのを防ぐため、大きい枝のタタリカは、ボトルと同じ高さにしましょう。

タタリカ（大）

Back

タタリカ（小）

ユーカリ

Artist：suite（小柳洋子）

Items
- ガラスボトル 丸 300ml（直径 68mm × 高さ 151mm 口内径 19mm）……… 1本
- ハーバリウムオイル ……… 300ml弱

Flowers
- ユーカリ（実付き）……… 2枝

❶ ボトル全体に葉が行き渡るようにするために、枝の広がりが大きいユーカリを選び、その中から小さい枝と大きい枝を切る。
❷ 小さい枝を入れ、ボトルの下方に配置する。
❸ ❷の位置を確認しながら、大きい枝がボトル全体に広がるイメージで配置する。
❹ ハーバリウムオイルを注ぎ、キャップを閉める。

Front

ユーカリ（大）

Point

枝が浮き上がるのを防ぐため、大きい枝のユーカリは、ボトルと同じ高さにしましょう。下に入れた枝に絡ませると、さらに浮きにくくなります。

Back

ユーカリ（小）

プロティア

Artist：suite（小柳洋子）

Items
- ガラスボトル　丸200ml（直径52.5mm×高さ142mm　口内径約38mm）……………1本
- ハーバリウムオイル……200ml弱

Flowers
- プロティア……………3枝

① プロティアの枝から、使いたい3本を選んで切る。1本だけ、花が小さめのものを選ぶとバランスよく仕上がる。
② ①の配置を考え、高・中・低と長さを決めて切る。高い花から決めて切っていくと、花の並びのイメージがしやすい。
③ 短い花から順番に、ボトルの中に入れていく。花が重ならないように配置するのがポイント。
④ ハーバリウムオイルを注ぎ、キャップを閉める。

Point
花が浮き上がるのを防ぐため、一番高さのある花は、ボトルいっぱいになる長さで切りましょう。

Point
プロティアの動きのある形を、ボトルの中で表現するように入れると、雰囲気のある作品に。

Front

- プロティア（中）
- プロティア（高）
- プロティア（低）

Back

bottle flower
（サラセニア）

p.9,54

Artist：marmelo（小野寺千絵）

❶ サラセニアは、大きさや長さを見てペアを作り、各ペアとも、高低差をつけて切る。
❷ ❶をバランスよくボトルに入れる。
❸ ハーバリウムオイルを注ぎ、キャップを閉める。

Items
ⒶⒸ
- ガラスボトル 角200ml（幅40mm×高さ214mm 口内径約19mm）……………… 2本
- ハーバリウムオイル 1本200ml弱

Ⓑ
- ガラスボトル 丸100ml（直径40mm×高さ125mm 口内径19mm）……………… 1本
- ハーバリウムオイル …… 100ml弱

Flowers
- サラセニア ……………… 6本

Point
サラセニアは食虫植物。編目模様が美しいのが特徴です。食虫植物には形や色がおもしろいものが多いので、活用してみましょう。

Point
3つのボトルが同じ雰囲気にならないよう、花の向きを反対にする・根元を揃える・クロスさせるなど、変化をつけて挿しましょう。

Front

Ⓐ サラセニア
Ⓒ
Ⓑ

Back

Ⓑ

p.55

カラー

Artist：suite（小柳洋子）

Items
- ガラスボトル　角200ml（幅40mm× 高さ214mm　口内径約19mm）……2本
- ハーバリウムオイル………1本200ml弱

Flowers
- カラー……………………………………4本
- ソフトススキ……………………………4本

❶ カラーは大・小2本ずつ選ぶ。
❷ 各ボトルに小さいカラーを入れる。
❸ ❷に大きいカラーを入れる。下に入れたカラーと違う向きになるように入れ、❷に少しだけ重なるようにする。
❹ ソフトススキの先のほうを、ボトルの高さと同じ長さに2本切る。
❺ ❹にピンセットでソフトススキを差し込む。カラーがずれないよう注意。
❻ ハーバリウムオイルを注ぎ、キャップを閉める。

Front

カラー（大）

Point
ボトルが細いので、大きすぎるカラーを選ぶと、カラーが潰れてしまい、きれいに配置されないので注意。

Point
ソフトススキはまっすぐ入れずに、少し弓なりになるように入れるとバランスよく美しく見えます。

ソフトススキ

Back

カラー（小）

93

p.56
A ヘリクリサムの bottle flower (white)
B ヘリクリサムの bottle flower (pink)
C ヘリクリサムの bottle flower (yellow)

Artist：marmelo（小野寺千絵）

Items
- A ・ガラスボトル　角200ml（幅40mm×高さ214mm　口内径約19mm）……… 1本
  ・ハーバリウムオイル ……… 200ml弱
- BC ・ガラスボトル（幅90mm×高さ90mm　口内径約40mm） ……… 2個
  ・ハーバリウムオイル ……… 各約210ml

Flowers
- A ヘリクリサム（白系） ……… 適量
- B ヘリクリサム（白、ピンク系） ……… 適量
- C ヘリクリサム（白、黄色系） ……… 適量

❶ ヘリクリサムは茎を切って花部分だけにする。
❷ ボトルに❶をバランスよく入れていく。なるべく空間のないように詰めるのがポイント。
❸ ハーバリウムオイルを注ぎ、キャップを閉める。

Point
ヘリクリサムは色の種類が多く、ドライにしてもきれい。たくさん使うときは単調にならないよう、色の合わせ方を工夫しましょう。

Point
トーンの違うピンクを何種類か交ぜることで、単調になるのを防げます。

Point
ところどころに白い花を交ぜることによって、黄色の花が引き立ちます。

スプレーローズ

Artist：suite（小柳洋子）

Items
- ガラスボトル　円錐型 120ml（直径 51.5mm ×高さ 178.5mm　口内径 約 19mm）……………………… 2本
- ハーバリウムオイル ………… 各120ml 弱

Flowers
- スプレーローズ（白、ピンク）…各2本

❶ 白のスプレーローズを、1本はボトルの 2/3 の長さに切り、もう 1本は先に切ったものの半分ぐらいの長さを目安に、バランスを見ながら切る。
❷ ピンクのスプレーローズも❶と同様に切る。
❸ 各ボトルに、短いローズから先に、ボトルの下部分に隙間が空きすぎないよう考えながら、ピンセットで入れていく。
❹ ハーバリウムオイルを注ぎ、キャップを閉める。

Front

スプレーローズ（大）
スプレーローズ（小）

Point
ボトルが先細なので、ローズが上に行きすぎると、詰め込みすぎた感じに見えてしまいます。空間を考えて入れましょう。

スプレーローズ（大）
スプレーローズ（小）

Back

p.58 サングリアスパイス

Artist：北中植物商店（小野木彩香）

Items
- ガラスボトル　丸300ml（直径68mm×高さ151mm　口内径19mm）……1本
- ハーバリウムオイル……300ml弱
- ロウ引きひも……適量

Flowers
- スパイシーポプリ……1/2袋程度
- スターリンジャー（パープル）……適量
- ユーカリ（葉）……3～4枚

① スパイシーポプリのシナモンやフルーツは、1/2または1/4に切る。
② ボトルに浮きにくい木の実や、大きめのフルーツが底になるよう、花材をボトルの半分まで入れる。
③ オイルをボトルの半分まで入れ、ピンセットで材料のバランスを整える。
④ 上部までバランスよく花材を入れ、オイルも上部まで入れたら、キャップを閉める。
⑤ ボトルの首にロウ引きひもを結ぶ。

Front

ユーカリ

スターリンジャー（パープル）

Back

スパイシーポプリ

Point
花材を入れすぎないように注意。ほどよい空間を作りましょう。軽い実は、その実の上に重い実や大きめのフルーツを添え、浮かないようにしましょう。

Point
「スパイシーポプリ」は、さまざまなスパイスやドライフルーツがミックスされたもの。自家製シロップ風の楽しいハーバリウムが作れます。

p.59 Ⓐ フルーツオイル
（りんご）

Artist：marmelo（小野寺千絵）

❶ ドライりんごはボトルの口を通るサイズに切る。バンクシアの葉は小さく切る。
❷ ボトルの2/3程度まで❶を交互に入れる。どの方向からもりんごが見えるようにする。
❸ ハーバリウムオイルを注ぎ、キャップを閉める。

Items
- スタッキングガラスボトル　180ml（直径75mm×高さ97.5mm　口内径19mm）……… 1個
- ハーバリウムオイル ……… 180ml弱

Flowers
- ドライりんご ……… 2枚
- バンクシアの葉 ……… 適量

Front

バンクシアの葉
ドライりんご

Point
ドライフルーツの湿気（水分）が残っていないことを確認しましょう。とくに自分で作る場合は、しっかり乾燥させましょう。

Back

Point
ドライフルーツの間に、ほかの花材をちりばめるイメージで入れていくとバランスよく仕上がります。

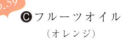

p.59 Ⓑ フルーツオイル
（グリーン）

Artist：marmelo（小野寺千絵）

Items
- スタッキングガラスボトル　180ml
  （直径75mm ×高さ97.5mm　口内径19mm）……1個
- ハーバリウムオイル……180ml弱

Flowers
- ドライライム……2枚
- アジサイ（緑）……1房

❶ ドライライムはボトルの口を通るサイズに切る。アジサイは小さく切る。
❷ ボトルの2/3程度まで❶を交互に入れる。どの方向からもライムが見えるようにする。
❸ ハーバリウムオイルを注ぎ、キャップを閉める。

p.59 Ⓒ フルーツオイル
（オレンジ）

Artist：marmelo（小野寺千絵）

Items
- スタッキングガラスボトル　180ml
  （直径75mm ×高さ97.5mm　口内径19mm）……1個
- ハーバリウムオイル……180ml弱

Flowers
- ドライオレンジ……2枚
- スターチス……1枝
- マリーゴールド……1本

❶ ドライオレンジはボトルの口を通るサイズに切る。スターチスは小さく切り、マリーゴールドは花びらをばらばらにする。
❷ ボトルの2/3程度まで❶を交互に入れる。どの方向からもオレンジが見えるようにする。
❸ ハーバリウムオイルを注ぎ、キャップを閉める。

p.60 シリンダーハーバリウム

Artist : oriori green

Items
- コルク蓋シリンダーボトル（直径 40mm ×高さ 148mm　口内径約 38mm）……5本
- 麻ひも（約 5cm）……5本
- ハーバリウムオイル……各130ml
- ニス（スプレータイプ）……適量
- エポキシ系接着剤……適量

Flowers
- Ⓐ ラベンダー4本程度、バラ（黄）2本、ユーカリボール2本
- Ⓑ 黒粟1本、バラ（赤）1本、ペッパーベリー1本、ユーカリボール2本
- Ⓒ バラ（オレンジ）1本、スプレーバラ（赤）2本、ラベンダー3本程度、ユーカリボール2本
- Ⓓ ルリタマアザミ2本、ブルーファンタジー1本
- Ⓔ ニゲラ2本、ブルーファンタジー1本、クリスマスブッシュ1本

❶ Ⓐ〜Ⓔそれぞれの花束を作る。Ⓐ〜Ⓔ共に、全体の背景として葉物のユーカリやブルーファンタジーなど、ボリュームのある小花を配置する。
❷ ❶の前方や横側に、ポイントとなる花（ラベンダー、ペッパーベリー、クリスマスブッシュ、黒粟など）を添える。
❸ ❷の正面に、主役となる花（ルリタマアザミ、バラ、ニゲラなど）を配置する。
❹ 各花束の根元を麻ひもでしばり、固定する。
❺ コルク蓋をスプレーニスでコーティングする。
❻ ❹を各ボトルに入れ、ハーバリウムオイルを注ぐ。
❼ ❺が乾いたら、蓋と瓶の縁に接着剤を塗布し、接着する。
❽ 日付などを書いたラベルを貼る。

Front Ⓐ
ラベンダー
ユーカリボール
バラ（黄）

Back

Point　密度のあるものと、抜け感のあるものを作り、5本のシリンダーのバランスを調整しましょう。

Point　背景となる葉物や小花を統一し、それぞれの主役やポイントの花の色味を変えることで、5本に変化と統一感の両方を持たせて作ることができます。

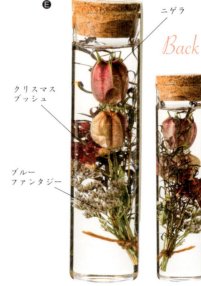

p.61

Bouquet

Artist：Atelier Monfavori (髙橋惠子)

Items
- ガラスボトル 円錐型 200ml（直径61mm×高さ219mm　口内径19mm）……1本
- ハーバリウムオイル……200ml弱
- ＃30 ワイヤー……少量
- リボン（約20cm）……1本
- シーリングスタンプ風クリップ……1個
- グルー……少量

Flowers
- アジサイ（白）……適量
- カスミ草（緑）……2〜3枝
- カスミ草（白）……2〜3枝
- ラベンダー（丘むらさき）……3本

❶ アジサイとカスミ草（緑）は茎を取り除き、ミックスしてボトルに入れ、全体の土台にする。
❷ カスミ草（白）は7〜8cmの長さに切って花束を作り、ワイヤーでしばってリボンで結ぶ。
❸ ❷を❶に挿すようにボトルに入れる。
❹ ラベンダーは高低差をつけて切り、茎の見えない部分をグルーで留め、❶に挿すように入れる。
❺ ハーバリウムオイルを注ぎ、キャップを閉める。
❻ ボトルにシーリングスタンプ風クリップをかける。

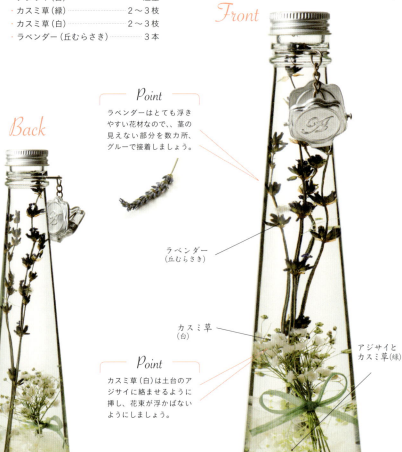

Point
ラベンダーはとても浮きやすい花材なので、、茎の見えない部分を数ヵ所、グルーで接着しましょう。

ラベンダー
（丘むらさき）

カスミ草
（白）

アジサイと
カスミ草（緑）

Point
カスミ草（白）は土台のアジサイに絡ませるように挿し、花束が浮かばないようにしましょう。

Back　*Front*

p.18,62

植物標本

Artist：北中植物商店（小野木彩香）

Items
- 試験管（直径約15mm×高さ約130mm 口内径約13mm）……5本
- ハーバリウムオイル……各約15ml
- コルク蓋……5個
- 古道具の試験管立て

Flowers
- ニゲラの実……1本
- デイジー……2本
- ナンキンハゼ……1本
- ラベンダー……1本
- 花あま……2本

❶ 各花材を試験管に入る長さに切る。
❷ 試験管の2/3くらいまでオイルを入れる。
❸ 各試験管に、花材を1本ずつ入れる。
❹ オイルを足して、コルクで蓋をし、試験管立てに立てる。

ナンキンハゼ

ニゲラの実

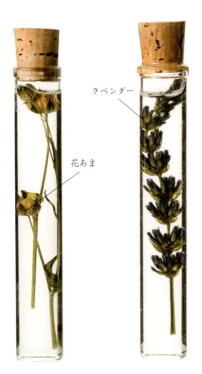

ラベンダー

花あま

デイジー

Point
試験管の口が小さいので、花を先に入れると、オイルが花に引っかかって入りにくくなります。先にオイルを入れましょう。

p.64 青の煌き

Artist：madopop（中川窓加）

Items
- ガラスボトル 300ml（直径66mm × 高さ250mm　口内径19mm）……1本
- ハーバリウムオイル……300ml弱
- 花用カラースプレー（ブルー系）……適量
- リボン、タッセル、ブロンペンドラート、ブリヨン（白、青）……各適量

Flowers
- シルバーデイジー……1本
- ペッパーベリー……適量
- ラメ付きカスミ草……適量
- アジサイ……適量
- バラ……1本

❶ ブロンペンドラートとブリヨンで、白と青のハートのオブジェを、各色ともに大小1個ずつ作る（p.105参照）。
❷ カスミ草は花用カラースプレーで青に塗り、よく乾かす。
❸ 全ての花材をボトルに入るサイズに切る。
❹ ボトルの底にアジサイを入れ、アジサイに挿し込むように、大きいハートのオブジェを入れる。
❺ その他の花材をバランスよく交互に入れ、上部にアジサイを入れ、小さいハートのオブジェを挿す。
❻ ハーバリウムオイルを注ぎ、キャップを閉める。
❼ リボンとタッセルでデコレーションする。

Point

ラメ付きカスミ草は、花用カラースプレーでブルーに塗りましょう。花用カラースプレーは花材専門店などで購入できます。

Front

- ペッパーベリー
- ハートのオブジェ（小）
- シルバーデイジー
- カスミ草
- アジサイ
- バラ
- ハートのオブジェ（大）
- アジサイ

タッセルを外したところ

インテリアライトにも！

ハーバリウム用ライトの上に置けば、インテリアライトに。ライトの光が通るよう、花材を詰めすぎないようにしましょう。

〈 ハートのオブジェの作り方 〉

ブリヨン
ブロンペンドラート

❶ ブロンペンドラートとブリヨンを用意する。

❷ ブロンペンドラートをハート形にする。これを大小1個ずつ作る。

❸ ❷にブリヨンを巻き付ける。

p.63 実

Artist：北中植物商店（小野木彩香）

Items
- 古道具の小さな薬瓶（幅約 38mm × 高さ約 80mm　口内径約 13mm） ……… 3本
- ハーバリウムオイル ……… 1本約 50ml

Flowers
- ペッパーベリー（ピンク）……… 適量
- サンキライ（赤）……… 適量
- ティナス（黒）……… 適量

❶ ペッパーベリーとサンキライは、茎から実だけを切る。
❷ ティナスは茎を少し残して切る。
❸ それぞれを、各瓶にぎっしり詰める。
❹ ハーバリウムオイルを注ぎ、キャップを閉める。

Point
ティナスは実だけにすると、黒い塊になってしまうので、茎を少し残して切るようにしましょう。

Point
ペッパーベリーにはさまざまな色があるので、ピンク以外の色に変えて作ってもよいでしょう。

ティナス

サンキライ

ペッパーベリー

p.65 花びらが舞う 春のハーバリウム
Artist：madopop（中川窓加）

Items
- ガラスボトル 円錐型 200ml
  （直径 61mm × 高さ 219mm　口内径 19mm） ……………………… 1本
- ハーバリウムオイル ……… 200ml弱
- リボン ………………………… 適量
- カラー麻ひも ………………… 適量

Flowers
- ラスカス …………………… 2〜3本
- シルバーデイジー ……………… 2本
- ペッパーベリー …………… 2〜3本
- カスミ草（ピンク系） ………… 適量
- アジサイ ……………………… 適量
- カーネーション ……………… 適量

① カーネーションは花びらをばらしておく。他の花材はボトルに入るサイズに切る。
② ボトルにアジサイ、ラスカス、カスミ草、カーネーションをバランスよく入れる。
③ ペッパーベリー、シルバーデイジーを入れる。
④ バランスを見ながら、すき間など花材が足りない部分に、カスミ草やカーネーションを足す。
⑤ ハーバリウムオイルを注ぎ、キャップを閉める。
⑥ リボンとカラー麻ひもでデコレーションする。

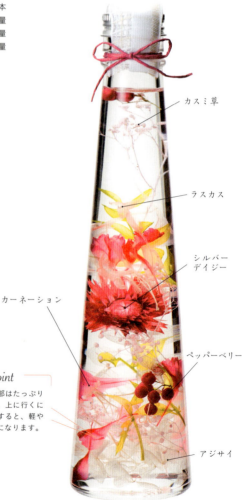

Front

- カスミ草
- ラスカス
- シルバーデイジー
- カーネーション
- ペッパーベリー
- アジサイ

Back

Point
ボトルの下部はたっぷり花材を入れ、上に行くにつれ少なくすると、軽やかな雰囲気になります。

パンダ

Artist：北中植物商店（小野木彩香）

Items
- 古道具のフラスコ（幅約80mm×高さ約115mm　口内径約30mm）……1本
- ハーバリウムオイル……約250ml
- パンダのフィギュア……1頭
- コルク……1個
- グルー……適量

Flowers
- モス……適量
- アゲラタム……1本
- クリスパム……1本

1. アゲラタムとクリスパムは茎を短く切る。
2. モスにグルーを付け、ピンセットを使ってフラスコの底に付ける。
3. パンダの足にもグルーを付けて、モスの上に置く。
4. パンダの対角線上にアゲラタムとクリスパムをグルーで付ける。
5. ハーバリウムオイルを、フラスコのくびれ付近まで少しずつ入れ、コルクで蓋をする。

Point　花材やパンダが浮かないよう、しっかりグルーで固定しましょう。パンダの代わりに、魚や貝などを入れて、海を演出しても楽しいですよ。

ハーバリウムに灯をともす
―オイルランプ・ハーバリウム

オイルランプ用の芯を使えば、ハーバリウムに灯をともすこと
ができます。太陽の光とはまた違った、やさしい光とのコラボ
レーションがとても美しいハーバリウムの楽しみ方です。

Oil lamp
Herbarium

How to make p.112

小さめのオイルランプ
専用ボトルで
Trio

ハーバリウム用のオイルランプが市販されていますので、安全のために
も、そちらを利用するのをおすすめします。一般のオイルランプのオイ
ル部分にドライフラワーを入れたり、ボトルの蓋をオイルランタン用の
セラミックホルダーに変えてもハーバリウムランプを楽しむことができ
ます。このとき、オイルはオイルランプ専用のものを使用します。

食卓にもぴったりな小さめサイズ
のオイルランプに、3色のペッパー
ベリーを詰めこみました。柔らか
な光がいつもの食卓を特別な空間
に演出します。

How to make p.112

茎の長いバラで
スタイリッシュに
ローズキャンドル

ハーバリウムによく使われるボトルに似ていますが、こちらもランプ専用のボトルです。ボトルの長さを生かして、茎の長いタイプのバラをあしらいました。

How to make p.113

LEDライトと
組み合わせて
Botanical

スタッキングタイプのハーバリウムボトルに、オイルランタン用のランプ芯を使いました。LEDライトも組み込んで、幻想的な雰囲気に。

オイルランプ・ハーバリウムの作り方

聖夜を
やさしい光で照らす
クリスマス・ライト

クリスマスのリースに使われる素材をランプに詰めて。ハーバリウム・ランプならではの、やさしくおしゃれなクリスマス・ライトになりました。

teacher：keiko takahashi（Atelier Monfavori）

オイルランプ・ハーバリウムに必要な材料

専用ボトル

火を扱うことになるので、オイルランプ専用ボトルが安心です。ハーバリウムランプ専用のものもありますが、ガラス製のオイルランプのオイルタンク部分に花材を入れても作ることができます。どちらも、雑貨屋やネットショップで手に入ります。

オイルランプ用オイル

通常のボトルで作る場合も、オイルはランプ専用のものを使用しましょう。無色透明のタイプのほか、フレグランスタイプ、オイルに色がついたもの等、さまざまなオイルランプ用オイルがあります。

※ここで紹介しているオイルランプオイルの商品名は「レインボーオイル」です。

オイルランプ・ハーバリウムの基本

オイルランプも普通のハーバリウムも、作り方には大きな差はありませんが、ランプ芯が太いので、それをうまく隠すレイアウトの工夫が必要です。

Items
- オイルタンク（直径 72mm ×高さ 72mm） ……………… 1個
- オイルランプ用オイル ……………… 適量
- ＃22ワイヤー（ブラウン） ……………… 少量

Flowers
- クジャクヒバ ……………… 少量
- マウンテンジュニパー ……………… 少量
- シナモン（4cm長さ） ……………… 2本
- スターチアス（プラチナカラー） ……………… 1個
- ブラックベリー ……………… 1粒
- 木の実（各種） ……………… 適量

1 ボトルを消毒する

アルコールでボトルを消毒し、よく乾かす。適当なボトルキャップをかぶせて回すようにアルコールをいきわたらせる。

2 花材を入れる

シナモン2本はワイヤーで束ね、スターチアスはボトルの口に合わせてカット。シナモン、スターチアス、クジャクヒバ、マウンテンジュニパー、ブラックベリー、木の実の順に花材を入れていく。

3 オイルランプ用オイルを注ぐ

オイルランプ用のオイルを注ぐ。オイルランプで使用する場合は、ボトルの八分目くらいまでにすることがポイント。

4 ランプ芯を入れる

前から見たときにランプ芯が目立たないよう、花材で隠すように芯を入れながら蓋をする。

p.108 Trio

Artist：Atelier Monfavori（高橋恵子）

Items
- ミニオイルタンク（直径40mm×高さ42mm）……3個
- オイルランプ用オイル……適量

Flowers
- ペッパーベリー（グリーン・オレンジ・ブルー）……各少量

❶ タンクにペッパーベリーを入れる。
❷ オイルランプ用オイルを八分目まで注ぐ。
❸ 花材で隠すように芯を入れながら蓋をする。

ペッパーベリー（グリーン）
ペッパーベリー（ブルー）
ペッパーベリー（オレンジ）
ローズ
ミニバラ

Point
筒型のタンクは口径がとても小さいので、ドライフラワーが壊れないよう、あらかじめオイルに浸しておきましょう。

p.109 ローズキャンドル

Artist：Atelier Monfavori（高橋恵子）

Items
- 筒型オイルタンク（直径32mm×高さ150mm）……1個
- オイルランプ用オイル……適量

Flowers
- ミニバラ（イエロー・ピンク・ホワイト）……各1本
- ローズ（レッド）……2本

❶ タンクに花びらを入れ、5本の花を入れる。
❷ ピンセットで花材のバランスを整える。
❸ オイルランプ用オイルを八分目まで注ぐ。
❹ 花材で隠すように芯を入れながら蓋をする。

※オイルランプ芯の長さ調節について
　口金の先端から0.5mm以内に調節してください。点火して3分程しますと炎が安定してきます。安定時の炎長は15mm以上にならないようにご注意ください。

※オイルランプ使用上の注意
・点灯中は移動させたりそばを離れたりしないでください。
・炎がガラスのホヤなどに直接触れないようにしてください。
・オイルランプやレインボーオイル（オイルランプ用オイル）はお子さまの手の届かない場所に保管してください。
・点灯中は本体の一部が非常に熱くなっている場合がございますので取り扱いには十分にご注意ください。
・点灯中や消火直後にはオイルの注入や芯の調節は絶対にしないでください。

p.109 Botanical

Artist：Atelier Monfavori（高橋恵子）

Items
- ハーバリウム用ボトル（スタッキングタイプ）……………………1個
- オイルランプ用オイル……………適量
- セラミックホルダー付きオイルランプ芯
  ……………………………………1個
- LEDライト………………………1個

Flowers
- ソフトサリグナム………………少量
- アイスランドモス（ブラック）……2本
- ペッパーベリー（ホワイト・ピンク・グリーン・パープル）………各少量
- 白樺の枝…………………………1本

白樺の枝
ソフトサリグナム
ソフトサリグナム
ペッパーベリー
アイスランドモス

❶ モスをボトルのくぼみに沿って入れる。
❷ ソフトサリグナムの実、葉、ペッパーベリーの順にバランスよく花材を入れる。
❸ オイルランプ用オイルを八分目まで注ぐ。
❹ 花材で隠すように芯を入れ、ボトルのくぼみ部分にLEDライトを置く。

セラミックホルダー付きオイルランプ芯

通常のハーバリウムも、オイルをランプ用に変え、蓋をオイルランプホルダーに変えると、オイルランプになる。ただし、瓶の耐久性、火の取り扱いには十分注意すること。

LEDライト

底にくぼみがある、スタッキングタイプのボトルは、くぼみ部分にLEDライトを置いて、内側から輝かせることができる。

木の実
ペッパーベリー
アンモビウム
オレンジ
千日紅

p.21 アンティークランプ

Artist：Atelier Monfavori（高橋恵子）

Items
- オイルランプ（タンク部がガラスのもの・タンク部分直径50mm×高さ60mm）
  ……………………………………1個
- オイルランプ用オイル……………適量

Flowers
- アンモビウム……………………少量
- 千日紅（ホワイト）………………少量
- オレンジ…………………………少量
- ペッパーベリー…………………少量
- 木の実……………………………少量

❶ オイルランプのタンク部分に、花材をバランスよく入れる。
❷ オイルランプ用オイルを八分目まで注ぐ。
❸ 花材で隠すように芯を入れながら蓋をする。

Point
オイルランプのタンクは深さがなく、花材が浮かないので初心者でも扱いやすいのが魅力です。

ハーバリウムを身につける
ーハーバリウム・アクセサリー

ガラスドームを利用すれば、ハーバリウムをピアスやネックレスにアレンジすることができます。ハーバリウムの輝きが、自分はもちろん、一緒にいる友達も癒やしてくれそう。

Herbarium Accessory

How to make p.117

ハーバリウムで人気の千日紅を使って
千日紅のアメリカンピアスとネックレス

千日紅一輪だけを入れたピアス&ネックレス。流行りのアメリカンピアスと、やわらかいイメージを与える白いロウ引きひもは、大人可愛い装いに似合います。

How to make p.117

ふわっとした花束を
耳元に飾っているよう
カスミ草のピアス

やわらかな雰囲気のカスミ草をメイン
にしたナチュラルテイストのピアスは、
ガーリーなファッションに合いそう。
自然のある場所に出かけたくなります。

アクセサリー作りに必要な材料と道具

ハーバリウムの基本材料のほかに、アクセサリー作りの基本材料と道具を用意します。材料や道具は、アクセサリーパーツ店や手芸店で購入できます。

ハーバリウムの材料
❶ 花材　❷ ハーバリウムオイル　❸ ピンセット

ハーバリウムアクセサリーの材料
❸ ガラスドーム、アクセサリー金具、ロウ引きひも
❹ 接着剤：ガラスドームキャップの接着に使う
❺ スポイト：オイルを入れるときに使う
❻ 爪楊枝：接着剤を塗るときに使う
❼ はさみ：まゆカット用などの小さいものが使いやすい（一般的なものでも OK）
❾ 定規：ひもの長さなどを測るときに使う
❿ 平ヤットコ：金具の加工に使う
⓫ 丸ヤットコ：金具の加工に使う

p.21 カラフルハーバリウムピアス

Artist：hana-isi（関谷愛菜）

Items
- ガラスドーム（18mm） ………… 2個
- ハーバリウムオイル ……………… 適量
- ガラスドーム用キャップ（3〜5.5mm用） ………… 2個
- ピアス金具 ………………………… 1ペア
- Cカン（0.55×3.5×2.5mm） …… 4個
- つなぎパーツ ……………………… 2個

Flowers
- サンフォルディ（黄、花部分のみ） …… 4個
- デルフィニューム（ブルー、花びら） … 5枚
- ライスフラワー（葉部分） ………… 1本
- デルフォニューム（ピンク、花びら） … 2枚

❶ ライスフラワーは約 1.3cm の長さに切る。
❷ ガラスドームにバランスよく各花材を入れる。同様にもう1個作る。
❸ ❷にハーバリウムオイルを入れ、キャップを接着する。
❹ ❸がしっかり接着したら、ピアス金具を取りつける。

※ガラスドームの扱い方、ピアス金具のつけ方は、p.118〜119 を参照

デルフィニューム / ライスフラワー / サンフォルディ / デルフィニューム

p.114 千日紅のアメリカンピアスとネックレス

Artist：hana-isi（関谷愛菜）

Items
- ガラスドーム（大穴皿カン付きセット 16mm） ……… 3個
- ハーバリウムオイル ……… 適量
- 丸カン（0.6×3mm） ……… 2個
- アメリカンピアス金具 ……… 1ペア
- ロウ引きひも（白1mm） ……… 約70cm

Flowers
- 千日紅（花部分のみ） ……… 各1個

❶ ガラスドームに千日紅を入れる。同様にもう2個作る。
❷ ❶にハーバリウムオイルを入れ、キャップを接着する。
❸ ❷がしっかり接着したら、うち2個にピアス金具を取りつける。
❹ ロウ引きひもを好みの長さにし、残りの❷の金具に通して結び、ペンダントネックレスにする。

※ガラスドームの扱い方、ピアス金具のつけ方は、p.118～119を参照

千日紅

---

p.115 カスミ草のピアス

Artist：hana-isi（関谷愛菜）

デルフィニューム / カスミ草

Items
- ガラスドーム（18mm） ……… 2個
- ハーバリウムオイル ……… 適量
- ガラスドーム用キャップ（3～5.5mm用） ……… 2個
- ピアス金具 ……… 1ペア
- Cカン（0.55×3.5×2.5mm） ……… 4個
- つなぎパーツ ……… 2個

Flowers
- カスミ草 ……… 各4個
- デルフィニューム（葉、つぼみ部分） ……… 各2個

❶ カスミ草は花の部分を9mmほど茎が残るように切る。
❷ ガラスドームにデルフィニュームのつぼみ、葉の順に1個ずつ入れ、カスミ草2個をバランスよく入れる。同様にもう1個作る。
❸ ❷にハーバリウムオイルを入れ、キャップを接着する。
❹ ❸がしっかり接着したら、ピアス金具を取りつける。

※ガラスドームの扱い方、ピアス金具のつけ方は、p.118～119を参照

ガラスドームの扱い方

本来はビーズなどを入れて使うものですが、
ハーバリウムアクセサリーの材料としても活用できます。軽いのでピアスにもGood。

1 花材を入れる

好みの花材を茎側からガラスドームに入れる。オイルを入れた際に花材が動くのを防ぐため、軽いものから先に入れるのがポイント。

2 ハーバリウムオイルを入れる

スポイトにオイルを入れ、スポイトの先に付着したオイルをティッシュで拭き取ってから、1の口下2〜3mmまでオイルを入れる。

丸カン

3 オイル内の余分な空気を抜く

余分な空気を抜くために2を3〜5分置いておく。その際に、丸カンを台座にして2を置くと、転ばずにガラスドームを固定できる。

4 ドームにキャップを貼る

爪楊枝の頭に接着剤をつけてキャップの裏側に塗り、3にしっかりと貼る。接着剤が完全に乾くまで置く。

アクセサリー金具のつけ方

ガラスドームが仕上がったら、ピアス金具をつけます。
イヤリングやピアスを作る際の基本技法なので覚えておくと便利です。

1 Cカンを開く

ヤットコ2本でCカンを挟んで開く。左右に開くのではなく、上の写真のように前後に開くのがポイント。同様にあと3個開く。

※ネックレスなどに使う丸カンの場合も同じ

2 各金具をつなげる

ピアスパーツとつなぎパーツをCカンでつなぎ、口を閉じる。つなぎパーツは裏表があるタイプの場合、裏向きにつけないよう注意。

3 ガラスドームを用意する

2とCカン、ガラスドームを用意する。ガラスドームはキャップの接着剤が乾き、しっかり固定されていることを確認しておく。

4 ガラスドームをつける

2と同様の方法でガラスドームをつなぎ、Cカンの口を閉じて完成。フックタイプなど他のピアス金具にしたい場合も同様の方法でOK。

teacher：aina sekiya (hana-isi)

ドライフラワーを手作りする

ハーバリウムに使う花材を自分で作ってみませんか？　ドライフラワーなら自宅で簡単に作ることができます。プレゼントでもらった花、思い出の花、庭に咲く花など、お気に入りの花をドライフラワーにして、ハーバリウムに利用してみましょう。

How to make the dried flower

teacher：chie onodera （marmelo）

ドライフラワーの基本

さまざまな作り方がありますが、自分で作る場合は「自然乾燥」または「シリカゲルを使う」がおすすめです。どちらも手間がかからず、身近な道具で作ることができます。

共通の道具

❶ 花材

好みの花を用意します。いつでも好きなときにハーバリウムを作ることができるように、使う量より少し多めに用意しましょう。

❷ はさみ

「花はさみ」や「植木用はさみ」がベター。ホームセンターや花店で購入できます。普通のはさみ（よく切れるもの）でもOK。

自然乾燥の場合

❸ 輪ゴム

花材を束ねるために使います。乾燥すると茎が縮むので、ひもで束ねると落ちてしまうことも。伸縮する輪ゴムがおすすめです。

❹ ピンチ

花材を吊るす際に使います。木製ピンチを使えば、乾燥中も花材とともにナチュラルな部屋のディスプレイになります。

シリカゲル利用の場合

❺ シリカゲル

粒子が細かい「ドライフラワー用」がおすすめ。花材の隅々まで行き渡ります。花店、ホームセンターなどで購入できます。

❻ 大きめの密閉容器

花材がすっぽり入り、少し余裕のある大きさがベター。湿気が入らないよう、蓋がきちんと閉まるものを使いましょう。

ドライフラワーの保存方法

手作り、市販品問わず、ドライフラワーは保存が悪いと色褪せや形崩れを起こしてしまいます。箱などに入れ、直射日光が当たらない湿度の低い場所で保管しましょう。乾燥剤を一緒に入れておくとGood。

自然乾燥で作る

乾燥していく過程を楽しめるのも、自然乾燥のいいところ。
あわてずにじっくり乾燥させることがきれいに仕上げるコツです。

材料・道具
・好みの花材
・はさみ
・輪ゴム
・ピンチ

完成までの期間
1週間〜10日

ポイント
乾燥中は湿気が大敵！　湿度の低い場所で干すこと。

1 花材を切る

花材を好みの長さに切る。ハーバリウム用には長さを調整しやすいよう、やや長めに切っておくとよい。

2 輪ゴムをかける

茎の根元付近に輪ゴムをかけて吊り元を作る。干したときに乾きムラを防ぐため、なるべく1本ずつ、細かいものでも3〜4本にする。

3 ピンチをかける

2の輪ゴム部分にピンチをかける。乾きムラを防ぐため、1個のピンチにかける花材は、1組にすること。

4 花材を干す

直射日光の当たらない風通しのよい場所で、花首の曲がりを防ぐために花材を下向きにして吊るし、1週間ほど干す（他のものと密着しないよう注意）。

5 しっかり乾いたら完成

全体をチェックし、完全に乾燥したら完成。湿っている部分がある場合はさらに数日干す。

 Check!

壁面に吊るさない

壁に吊るすと、壁と接している部分の乾きが遅くなり、乾きムラやカビの原因になります。全ての面にまんべんなく空気が当たるように吊るしましょう。

たくさんまとめない

花材を数本まとめて括って干すと、乾きムラが起きやすくなります。大きい花は1本ずつ、小さい花など、まとめないと干しにくい場合も2〜3本にしましょう。

シリカゲルで作る

同じ容器に入れる花材の、大きさや種類を揃えるようにするのが、乾燥のバラつきを防ぐコツ。また、蓋はしっかり閉めましょう。

材料・道具
- 好みの花材
- はさみ
- ドライフラワー用シリカゲル
- 大きめの密閉容器

完成までの期間
1週間～10日

ポイント
シリカゲルが偏らないよう、平らな場所に置き、あまり移動させないこと。

1 花材を切る
密閉容器に入るサイズを考慮しながら、好みの長さに切る。使用時に長さを調整しやすいよう、茎はやや長めに切っておくとよい。

2 密閉容器にシリカゲルと花材を入れる
密閉容器にシリカゲルを入れて平らにし、*1*を重ならないように並べる（重なると乾燥期間にバラつきが出るので注意）。

3 シリカゲルをかける

花材が完全に埋もれるまでシリカゲルをかける(全体に行き渡るようまんべんなくかけること)。

4 乾燥させる

湿気が入らないよう蓋をしっかり閉め、直射日光の当たらない風通しのよい場所に1週間ほど置く。

5 しっかり乾いたら完成

全体をチェックし、完全に乾燥したら密閉容器から取り出し、シリカゲルを落として完成。湿っている部分がある場合はさらに数日置く。

Check!

シリカゲルが目や口に入らないように

ドライフラワー用のシリカゲルは粒子が細かいので、マスクをつけるなどして、目や口に入らないよう十分注意しましょう。子どもやペットがいる家庭はとくに注意を!

シリカゲルは繰り返し使えるの?

使用したシリカゲルは水分を吸収しているので(青い粒が白く変色したら水分を吸った合図)、基本的には再び使うことはできません。商品のパッケージおよび自治体の指示に従って処分しましょう。

自然乾燥とシリカゲルの仕上がりの違い

どちらも「乾燥させる」のは同じなうえに、かかる期間もほぼ同じですが、仕上がった際にどのような違いが出るでしょう？ 同じ種類と色のバラを使ってその違いを見てみましょう。

自然乾燥

自然に任せて乾燥させるので、生花と比較すると色味はくすんだ感じになります。しかし、自然の風合いが生き、アンティークな雰囲気に仕上がるので、ナチュラル感を出したいときにおすすめです。

シリカゲル

自然乾燥よりも、生花のときに近い色が残せます。また、シリカゲルの上に置いて乾燥させるので、形も生花に近い状態で残すことができます。花の開き具合を生かしたいときにもおすすめです。

ドライフラワーにおすすめの花

水分量の少ない花のほうがきれいなドライフラワーになります。チューリップやクロッカスなど球根系の花もおすすめ。きれいに作れ、ハーバリウムにも使いやすい花材を紹介します。

❶ アネモネ
カラーが豊富なので色でも楽しめます。ドライフラワーにしても色が変わりにくく、ハーバリウムにしてもきれいです。

❷ スモークグラス
ふさふさの穂が美しくハーバリウムにも向く花材。穂が色付いているものや、染色して色を付けたものもあります。

❸ 千日紅
ロリポップのような形が特徴。ドライフラワーとしてもハーバリウムとしても使いやすく、やさしい雰囲気が演出できます。

❹ バラ
誰もが一度は作ったことのある定番中の定番！ 生花でもドライでも人気のバラは、ハーバリウムにしても美しいものです。

❺ スターチス
初心者でも作りやすいドライフラワーの定番花材で、カラーも豊富。ドライ後は壊れやすくなるので取り扱いに注意を。

❻ ナズナ
春の七草でおなじみの花材。ナチュラルな雰囲気のハーバリウムのほか、カントリー風のリースやガーランドにもぴったり。

Leave the bouquet as Herbarium

ブーケを
ハーバリウムで残す

「いただいたブーケを残したい！」と思いませんか？　生花で楽しむのもすてきですが、やがて枯れてしまうのがちょっと淋しいですよね。ハーバリウムにすれば、思い出とともにブーケも残すことができます。

teacher：chie onodera（marmelo）

基本の作り方

ブーケのイメージを残しつつハーバリウムを作るポイントをおさえましょう。

材料・道具

- ブーケ ・ボトル
- ハーバリウムオイル
- はさみ ・ピンセット
- 注ぎ口キャップ
  （または注ぎ口のある容器）
- 輪ゴム ・ピンチ

準備

ブーケの写真を撮っておこう

ハーバリウムを作るときにブーケのイメージを残せるよう、写真を撮っておきましょう。撮った写真はフレームに入れて、完成したハーバリウムと一緒に飾っておくといいですね。

ガーベラはハーバリウムにすると退色しやすい

1 ブーケをほどいて花を仕分ける

そのままではボトルに入らないうえに、ドライフラワーにする必要があるので、ブーケをほどいて使用する花と使用しない花（ドライフラワーに向く花、向かない花）に分ける。使用しない花は生花で楽しむ。

2 ドライフラワーを作る

花ごとにまとめて茎の根元付近を輪ゴムで留め、自然乾燥またはシリカゲルでドライフラワーにする（p.120〜129参照）。

3 花材を小分けにする

2が完成したら花材を小分けにする。ユーカリとスターチスは枝分かれした部分で切り、千日紅とエリンジウムは茎を少し長めに切る。

4 ユーカリとスターチスを入れる

ユーカリの葉を4枚くらい入れ、その内側に、長さを調整しながらスターチスを入れる。

5 エリンジウムを入れる

長さを調整しながらエリンジウムを入れる。特徴的な花なので、ブーケの雰囲気や花の配置を生かすよう、写真を見ながら入れる。

6 千日紅を入れる

長さを調整しながら千日紅を入れる。目を引く花なので、5と同様に写真を見ながら、ブーケの雰囲気や花の配置を生かすように入れる。

7 全体のバランスを調整する

写真を見ながら、すき間の気になる場所に花材を足し、バランスを調整する（詰め込みすぎに注意！）。

8 ハーバリウムオイルを注ぐ

ハーバリウムオイルに注ぎ口キャップを取り付け（または、注ぎ口のある容器にオイルを移し）、ボトルの首部分までゆっくり注ぐ。

9 完成

ボトルのキャップをしっかり閉めて完成。ブーケをもらった日付や使用花材などを書き込んだ、タグやラベルを貼ってもOK！

協力してくださった
お店とアーティスト

本書に協力してくださった、フラワーショップさん、

作家さんをご紹介します。

すてきなハーバリウム作品はもちろん、

花や植物がテーマのさまざまな作品を制作しています。

ぜひ、ショップやホームページをチェックしてみてくださいね。

marmelo（マルメロ）

Shop Data
東京都世田谷区代沢 2-36-30　廣井ビル 1F
03-5787-8963
10:00-19:00　水曜休
http://www.marmelo-flower.com/

小野寺千絵
Chie Onodera

花の専門学校卒業後、世田谷成城の生花店に就職。花店の基本を学ぶ。その後、下北沢の花店兼 Bar に勤務し、生け込みからウェディング装花までさまざまな花店業務を学ぶ。2014 年に自店を開業。「暮らしに花を」をコンセプトに、生活に身近なお花屋さんをめざしている。

制作作品　p.2-3 ／ p.6-7 ／ p.9 ／ p.11（上）／ p.13（上）
／ p.26 ／ p.40 ／ p.41（左上）／ p.44 ／ p.46 ／ p.54
／ p.56 ／ p.59

北中植物商店

Shop Data
東京都三鷹市大沢 6-2-19
0422-57-8728
11:00 〜 17:00 金・土・日のみ営業（不定休）
http://www.kitanakaplants.jp

小野木彩香
Ayaka Onogi

東京都内を中心に、ウェディング、店舗装飾などを主として活動。東京・三鷹では、小さな平屋の庭と花の植物店「北中植物商店」を構えている。著書に『小さな花束の本 new edition』（誠文堂新光社）がある。

制作作品　p.8 ／ p.14 ／ p.15（秋）／ p.16 ／ p.18 ／ p.19 ／ p.45 ／ p.58 ／ p.62 ／ p.63 ／ p.66

suite（スイット）

https://suite-o.storeinfo.jp
Online shop
https://suite.official.ec/

小柳洋子
Yoko Koyanagi

文化女子大学服装学科卒業。ベイクルーズ、ユナイテッドアローズでプレス、販促を経て、アンシェヌマン／ミニョンのショップを立ち上げ、バイイングで世界中を回る。退職後、花のコーディネートに目覚め、ハーバリウムのディプロマを取得。独学でボタニカルデザイナーとなる。

制作作品　p.11（下）／ p.12 ／ p.13（下）／ p.15（クリスマス）／ p.47 ／ p.48 ／ p.50 ／ p.51 ／ p.52 ／ p.55 ／ p.57

oriori green
（オリオリグリーン）

Shop Data
HP　https://oriorigreen.wixsite.com/mysite
販売委託
Cafegallery mo mo mo
東京都杉並区高円寺南 3 丁目 45-11-2 F
※カフェですのでお越しの際は注文をお願い致します
hair orang
東京都中野区東中野 1-58-16 -1 F

久保沙織 Saori Kubo
杉山芳里 Kaori Sugiyama

それぞれの人にあった植物とのつき合い方を提案する、ランドスケープデザイナーのユニット。植物をより身近に感じてもらうために、いろいろな共存の仕方を探している。お庭、店舗内装、寄せ植え、ハイドロカルチャー、ハーバリウムなど、植物のある風景を創り出している。

制作作品　p.10 ／ p.15（お正月）／ p.20 ／ p.21 ／ p.60

madopop（株式会社 彩花）

Shop Data
HP　http://www.hana-saika.com

中川窓加
Madoka Nakagawa

各種レッスン、オーダーの他、雑誌や商業イベントなどのフラワーデザイン・制作を担当。コンペにて受賞多数。公益社団法人日本フラワーデザイナー協会講師。プリザーブドフラワー芸術協会講師。著書に『アーティフィシャルフラワー基礎レッスン』（誠文堂新光社）がある。

制作作品　p.41（右上）／ p.64 ／ p.65

Atelier Monfavori
（アトリエ・モンファヴォリ）

Shop Data
千葉県柏市千代田 2-12-5
090-2940-0713
10:00 〜 16:30　日・祝日休（不定休）
Blog　https://ameblo.jp/atelier-monfavori/
Instagram　@ateliermonfavori

制作作品　p.21 ／ p.61 ／ p.108 ／ p.109 ／ p.110

高橋惠子
Keiko Takahashi

短大で服飾を学び、その後、子ども用ヘアアクセサリーの販売、リボンの個人輸入などを経て、2016 年 10 月にリボンと花の店をオープン。プリザーブドフラワーなどの花材を扱うほか、各種レッスン、国産・輸入リボン販売、カルトナージュ・キャンドルレッスンを行っている。

hana-isi

Shop Data
Blog		https://ameblo.jp/hana-isi/
Instagram	@hana_isi_gallery

制作作品 p.21 / p.114 / p.115

関谷愛菜
Aina Sekiya

アクセサリーデザイナー。「愉しいオトナ時間」をコンセプトに、花をモチーフにした、天然石のビーズ作品を展開している。パーツクラブ講師、イオンカルチャークラブ講師。Genuine ベルルエ ビジュ認定講師。『ビーズ friend』（ブティック社）などにレシピを紹介している。

ボトルに好きな植物を入れて
オイルを注いだその瞬間、
植物の表情ががらっと変わります。
手作りのハーバリウムならではの
この小さな感動を
ぜひあなたも味わってみてください。

作品制作	小野寺千絵、小野木彩香、小柳洋子、久保沙織、
	杉山芳里、中川窓加、高橋惠子、関谷愛菜
撮影	三浦希衣子
デザイン	大島歌織
編集	櫻田浩子（スタジオポルト）
取材・ライティング	新井久美子

花材・資材提供	はなどんやアソシエ
	https://www.hanadonya.com/
アクセサリーパーツ提供	パーツクラブ
	http://www.partsclub.jp/
オイルランプ資材提供	ムラエ商事
	http://www.muraei.co.jp

お手入れ不要、長く飾って楽しめる花の雑貨

ハーバリウム
―美しさを閉じこめる植物標本の作り方

2018 年 2 月 25 日　発　行
2018 年 7 月 15 日　第 4 刷
NDC793

編　者	誠文堂新光社
発行者	小川雄一
発行所	株式会社 誠文堂新光社
	〒 113-0033　東京都文京区本郷 3-3-11
	［編集］電話 03-5800-3614
	［営業］電話 03-5800-5780
	http://www.seibundo-shinkosha.net/
印刷所	株式会社 大熊整美堂
製本所	和光堂 株式会社

©2018,Seibundo-Shinkosha Publishing Co.,Ltd.
Printed in Japan

検印省略
万一落丁、乱丁本は、お取り替えいたします。本書掲載記事の無断転用
を禁じます。また、本書に掲載された記事の著作権は著者に帰属します。
これらを無断で使用し、展示・販売・レンタル・講習会を行うことを禁
じます。

本書のコピー、スキャン、デジタル化等の無断複製は、著作権法上での
例外を除き、禁じられています。本書を代行業者等の第三者に依頼して
スキャンやデジタル化することは、たとえ個人や家庭内での利用であっ
ても、著作権法上認められません。

JCOPY ＜(社)出版者著作権管理機構 委託出版物＞
本書を無断で複製複写（コピー）することは、著作権法上での例外を除き、
禁じられています。本書をコピーされる場合は、そのつど事前に、(社)出
版者著作権管理機構（電話 03-3513-6969 ／ FAX 03-3513-6979 ／ e-mail:info@
jcopy.or.jp）の許諾を得てください。

ISBN978-4-416-61813-4